Walter Schwertl

Business-Coaching

Walter Schwertl

Business-Coaching

Der Coach als
Mountain Guide und Hofnarr

VS VERLAG FÜR SOZIALWISSENSCHAFTEN

Bibliografische Information der Deutschen Nationalbibliothek
Die Deutsche Nationalbibliothek verzeichnet diese Publikation in der
Deutschen Nationalbibliografie; detaillierte bibliografische Daten sind im Internet über
<http://dnb.d-nb.de> abrufbar.

1. Auflage 2009

Alle Rechte vorbehalten
© VS Verlag für Sozialwissenschaften | GWV Fachverlage GmbH, Wiesbaden 2009

Lektorat: Kea Brahms

VS Verlag für Sozialwissenschaften ist Teil der Fachverlagsgruppe
Springer Science+Business Media.
www.vs-verlag.de

Das Werk einschließlich aller seiner Teile ist urheberrechtlich geschützt. Jede Verwertung außerhalb der engen Grenzen des Urheberrechtsgesetzes ist ohne Zustimmung des Verlags unzulässig und strafbar. Das gilt insbesondere für Vervielfältigungen, Übersetzungen, Mikroverfilmungen und die Einspeicherung und Verarbeitung in elektronischen Systemen.

Die Wiedergabe von Gebrauchsnamen, Handelsnamen, Warenbezeichnungen usw. in diesem Werk berechtigt auch ohne besondere Kennzeichnung nicht zu der Annahme, dass solche Namen im Sinne der Warenzeichen- und Markenschutz-Gesetzgebung als frei zu betrachten wären und daher von jedermann benutzt werden dürften.

Umschlaggestaltung: KünkelLopka Medienentwicklung, Heidelberg
Druck und buchbinderische Verarbeitung: Krips b.v., Meppel
Gedruckt auf säurefreiem und chlorfrei gebleichtem Papier
Printed in the Netherlands

ISBN 978-3-531-15626-2

Meinen Lebensfrauen

Maria Leonora
Ana Elisabeth
Teresa Maria

Inhaltsverzeichnis

Vorwort 9

Mountain Guide und Hofnarr 13

Eine lange und eine kurze Zeit 18

1   Theorie – Last und Orientierung für den Praktiker 23

2   Coaching – eine Annäherung 35

3   Von Anliegen und Aufträgen 93

4   Von Hofnarren, Mountain Guides und Metaphern 115

5   Coaching oder Entlassung 133

6   Wenn der Coach vom Hof gejagt wird 149

7   Neue Besen kommunizieren gut 169

8   V.E.R.B.©: Ein Rahmenkonzept zur Selbstbeobachtung ... 188

Literatur 197

Vorwort

„Ausgesetzt sein in die Kontingenz" – mit dieser drastischen Formulierung beschreibt N. Luhmann die Grundstruktur der (Post?)Moderne. Und die verschiedenen Theoriestrategen dieser (Post-)Moderne, von Systemtheoretikern und Konstruktivisten bis zu Dekonstruktivisten buchstabieren diese Grundstruktur aus in die damit unvermeidlich verbundenen Konsequenzen: Selbstorganisation, Relativismus, Perspektivismus, Entontologisierung, Pluralität, Differenz – kurzum: die Endgültigkeit der Vorläufigkeit unseres Erkennens und Handelns wie aller Sozialstrukturen. Die Wirklichkeit, die Wahrheit, die Werte: nichts als Diskursfiktionen mit bestenfalls pragmatischer Halbwertszeit, falls es ihnen denn gelingt, in der Virtualität der Medienwelt Aufmerksamkeit zu erringen und Anschlussfähigkeiten zu entwickeln. Realität – ja, als Reality TV. Soziale Beziehungen: ja, im Mitmachnetz 2.0. Die Welt ist offenbar nicht mehr alles, was der Fall ist, sondern der Fall ist, was sich in Medien ereignet und als Medienereignis wahrgenommen wird.

„In der Welt der Simulation wird das Reale zur Obsession," orakelt Norbert Bolz. Was passiert aber dann den Zeitgenossen, denen andere in steigendem Maße zumuten, ihre offenkundig realen Lebens- oder Berufsprobleme zu lösen – und zwar real und möglichst rasch? In welchem Schlamassel steckt der Coach, der seine Kunden sicher auf die Berge – und vor allem auch wieder sicher zurück – führen soll? Hat er den Masterplan in der Tasche, nach dem alle anderen suchen? Weiß er mehr und kann er dieses Wissen auf Knopfdruck bereitstellen, um Probleme zu lösen, an denen seine Kunden verzweifeln (warum sollten sie ihn denn sonst rufen und bezahlen)? Bemeistert er die Kontingenz, die alle anderen bestenfalls invisibilisieren? Und wie geht er mit dem Problem um, dass man kognitive wie soziale Systeme nicht dirigistisch von außen steuern und Kommunikationserfolge nicht erzwingen kann?

Walter Schwertls Buch gewinnt seinen Charme daraus, dass er auf diese und ähnliche Fragen kompromisslos mit Reflexionen und nicht mit Rezepten antwortet. Hier steht und schreibt ein Coach, der sich selbst zugleich als Mountain Guide und Hofnarr sieht und bezeichnet. Ist diese Selbstcharakterisierung mehr als eine nette Paradoxie und historische Reminiszenz?

Nun, ein Mountain Guide hat den Gang ins Gebirge unter wechselnden Bedingungen nachweislich schon oft geschafft, was für ihn spricht, was aber keineswegs garantiert, dass der nächste Gang, dazu noch mit unerfahrenen Kunden, ebenfalls sicher gelingen wird – aber immerhin wo wäre eine Alternative? Darum tut der Kunde, der sich ihm anvertraut, durchaus gut daran, sich ihm anzuvertrauen – wenn der Guide denn vertrauenswürdig erscheint. Vertrauen aber, das wissen inzwischen alle Kommunikationspraktiker, ist die Grundlage jeder erfolgreichen Kommunikationsbeziehung. Und Coaching-Beziehungen, da ist Schwertl kompromisslos, sind Kommunikationsbeziehungen, deren Grundlagen vertraglich geregelt sind und die im Vorfeld des Coachings sorgfältig vorbereitet werden sollten.

Vertrauen aber, das wissen auch alle Betroffenen, ist prekär, ist eine riskante Vorschussleistung, die erst im Nachhinein bestätigt werden kann. Und Vertrauen ist auf aufrichtige und nachhaltige Gemeinsamkeit gegründet und angewiesen. Auf eben diese Gemeinsamkeit setzt Schwertl zentral in seinem Theorie-Praxis-Buch zum Endlos-Thema Coaching und diese – technisch gesprochen – Systemorientierung hält er theoretisch wie praktisch konsequent durch, was in der einschlägigen Literatur keineswegs selbstverständlich ist und daher seinem Buch zur Relevanz verhilft. Coaching erscheint in diesem Licht als reflexive kommunikative Konstellation von Coach und Kunden, die gemeinsam an der Lösung eines Problems arbeiten und die sich aus genau diesem Grunde nicht in einem hierarchischen sozialen Verhältnis von Lehrer und Schüler verstehen dürfen, sondern in einem Parallelverhältnis von unterschiedlich positionierten Experten, in dem beide Seiten Beobachtungsmanagement erlernen und praktizieren müssen. Das Problem, das zum Aufbau einer Coaching-Konstellation führt, kann nur gelöst werden, wenn die Konstruktion des Problems in der scheinbar selbstverständlichen Perspektive der Betroffenen beobachtbar und damit veränderbar gemacht wird, m. a. W. wenn das Problem seine Selbstverständlichkeit verliert und die Betroffenen Kontingenzbewusstsein aufzubauen und zu ertragen lernen. Es geht im Coaching um nicht mehr oder weniger als um die gemeinsame Konstruktion einer alternativen Wirklichkeit, in der erkannte und benannte Probleme bearbeitet werden können. Und diese gemeinsame Konstruktion wird vollzogen von sich selbst organisierenden selbstreferentiellen Aktanten, wobei der Coach aktiv die Rolle des Initiators, Motivators und Taktgebers übernehmen muss, soll der Kommunikationsprozess nicht aus dem Ruder laufen. Co-Produktion ist gefordert, der Coach kann nicht (auch nicht aus missverstandenen systemtheoretischen Gründen) den Kunden mit seinen Problemen allein lassen.

Welche Kompetenzen dabei gefragt sind untersucht der empirisch fundierte Gastbeitrag von Maria L. Staubach in Schwertls Buch. Auch sie konzipiert Coaching als Co-Produktion von Coach und Kunden, bei der auf Seiten des Coach vier Kompetenzfelder systemisch miteinander verknüpft werden sollten: die Fähigkeit zur Orientierung an Theorie, die Fähigkeit zur Reflexion, die Fähigkeit, in relevanten Kontexten zu operieren und die Fähigkeit zur Prozess-Steuerung. Dieses Beraterprofil, das auch in der Ausbildung künftiger Berater eingesetzt werden kann, fasst Staubach unter dem Begriff ‚Relationiertes Expertentum'.

Der Coach erfüllt aber nicht nur die Aufgabe, sicher und verlässlich durch schwieriges Gelände zu manövrieren. Er muss dem Kunden auch zu Beobachtungsmanagement verhelfen – früher hieß das: ihm mit überraschenden Witz den Spiegel vorhalten. Eben dies aber war die Aufgabe und Leistung des Hofnarren, wenn wir den historischen Berichten glauben dürfen. Und so erklärt sich die Logik der zweiten Charakterisierung des Coaches: Mountain Guide und Hofnarr.

Beide standen und stehen vor demselben Problem: So viel Erfahrung sie auch mit Bergsteigern, Kunden und Fürsten gewonnen haben mögen (noch sitzt der Kopf ja auf den Schultern) – jede Tour, jede Beratungssituation, jeder Kommunikationsprozess verläuft anders. Es geht also in jedem Coachingprozess um nichts Geringeres als um eine erfolgreiche Bewältigung von Komplexität vulgo Kontingenz. Welche Schrittfolge, welcher Perspektivwechsel, welche Kommunikationsofferte kann die Pattsituation der Problemkonstruktion auf Seiten des Kunden verändern? Wie gelingt es, die Selbst-Orientierung des Kunden durch geeignet stimulierte Veränderung seiner Beobachtungskompetenz in Gang zu setzen? Wie kann das Vertrauensband auch in Krisensituationen gewahrt bleiben – denn Coaching muss ja auch mit Differenz und Dissens fertig werden?

Geht es um Orientierungs-Orientierung des Kunden, also um reflexive soziale Konstellationen und Prozesse, dann hat ein führungsbetonter Stil im Umgang mit Kunden keine besonderen Erfolgsaussichten. Schwertls Empfehlung ist daher eindeutig: Er empfiehlt dem Coach eine Haltung aktiver selbstbewusster Bescheidenheit, die durchaus einkalkuliert, dass ein Coachingprozess auch scheitern kann, wenn die symmetrische soziale Konstellation zwischen Coach und Kunden scheitert oder gar nicht erst aufgebaut werden kann. Ein solches Scheitern zu akzeptieren gehört mit zur Coaching-Moral in systemischer Einstellung, daran lässt Schwertl keinen Zweifel.

Und dieses Eingeständnis gehört mit zu den Faktoren, die die Lektüre des Schwertl-Buches nicht nur aufschlussreich sondern auch sympathisch machen. Seine theoretische Orientierung ist eindeutig aber nicht dogmatisch (Kontingenzbewusstsein ist ihm keineswegs fremd). Die Präsentation vieler instruktiver Beispiele wie die Integration des empirisch fundierten Gastbeitrags von M. Staubach verrät den (stets Theorie-geleiteten!) erfahrenen Praktiker, der zum Glück immer noch neugierig geblieben ist. Die Tatsache, dass er Kommunikation ins Zentrum seiner Überlegungen wie Beratungs-Bemühungen stellt, weist ihn als praktischen Realisten aus, der nie vergisst, dass alles auch anders sein könnte – dass es also gute Gründe gibt, auf Erfahrungen zu vertrauen, will man sich nicht selbst zur Passivität verurteilen.

Und aus eben diesem Grunde kann es die Leserin sich leisten, den aus Reflexion und Erfahrung gewonnenen Empfehlungen Schwertls in diesem Buch zu vertrauen – give it a try!

Siegfried J. Schmidt

Mountain Guide und Hofnarr

Es gibt inzwischen viele Bücher über das Arbeitsfeld Coaching, so viele, dass man sie kaum alle gelesen haben kann. Und man stellt sich die Frage, ob ein weiteres Buch überhaupt noch etwas Neues bieten kann.

Es sind zwei Metaphern in diesem Buch, die den Unterschied machen. Sie könnten den Leser neugierig machen, weil sie, erst recht in ihrer Kombination, gewagt erscheinen, vielleicht gar exotisch. Aber genau darin liegt ihr Reiz und vielleicht auch der Reiz des Buches. Mountain Guide und Hofnarr sind der (rote) Faden und die Argumente sind wie Perlen auf diesen Faden aufgereiht. Das Bild des Coachs als Mountain Guide und als Hofnarr bringt drei Felder zueinander, die so weit auseinander liegen, dass man mit bestem Willen auf den ersten Blick nicht an Gemeinsamkeiten denkt. Sieht man genauer hin, zeigt sich die Nützlichkeit der beiden Vergleiche – und besonders ihrer aparten Kombination.

Der Führer am Berg ermöglicht seinem Kunden, durch Gelände hindurch zu finden, das dieser alleine nicht oder noch nicht beherrscht. Die Berge, die der Mountain Guide zu begleiten angetreten ist, sind oft nicht einfach. Für Wanderwege nimmt man sich keinen Bergführer. Der Text erwähnt das Matterhorn: Das Matterhorn ist nur etwas für Leistungsträger – jenseits von Wanderwegen. Und wenn das Unternehmen gelungen ist und man von oben auf die Landschaft, durch die man gestiegen ist, hinunterblickt, dann ist der Kunde stolz auf sich und der Guide erhält die fällige Anerkennung: Alleine hätte ich das nicht erreicht. Der Mountain Guide ermöglicht dem Kunden, den Leistungsbereich zu erweitern, die Leistungsanforderungen zu erhöhen.

Aber der Mountain Guide begleitet nicht nur, er ist im Notfall der Leistungsfähigere und trifft aufgrund seiner Ausbildung und seiner Erfahrung die Entscheidungen. Und er spricht entschiedene Warnungen aus, wenn er den Eindruck hat, dass sein Kunde sich (und auch ihn) in

Gefahr bringen könnte. Im Gebirge ist oft nicht die Zeit abzuwarten, bis der Kunde *von selbst* gelernt hat. So hat der Guide eine Verantwortung – und genau dies macht seine Professionalität aus. In der Frühzeit des Bergsteigens war dies anders, die Führer sahen sich auf ihre Kunden angewiesen und ordneten sich diesen unter, was, wie die Erstbesteigung des Matterhorns zeigt, zu Katastrophen führen kann.

Mit diesem Bild wird eine bestimmte Philosophie der Professionalität eingeführt. Formuliert man sie aus, bekommt die Metapher Kühnheit und betont Aspekte, die in anderen Coachingbüchern so nicht zu finden sind.

Sich entwickeln kann man nur, wenn man sich jemandem anvertrauen kann. Für den Autor ist Vertrauen die tragende Größe in Coaching-Prozessen – wie beim Bergsteigen. Vertrauen und Trost schützen vor Angst und Panik. Die Coaching-Beispiele erzählen genau davon. Vertrauen zu rechtfertigen ist vielleicht die größte und wichtigste Kunst des Guide-Coachs. Der Guide-Coach muss dafür etwas tun, damit sein Kunde ihn als vertrauenswürdig wahrnimmt – durch *vertrauensbildende Maßnahmen*, sonst müsste der Kunde allein den wohltönenden und Wirkung heischenden Worten des Guide-Coaches glauben. Der Guide-Coach muss hier den ersten Schritt tun, um das Vertrauen des Kunden werben. Und vertrauensbildende Maßnahmen sind auf dem Berg genauso wie im Coaching eine Abfolge bestimmter Schritte der Kommunikation. Denn die Coaching-Kunden, so zeigen die Fallbeispiele, haben oft ihr Selbstvertrauen verloren und reagieren panisch, weil sie in einer Krise stecken oder weil ihre Führungskraft ihnen deutliche Worte vermittelt und sie zum Coaching verpflichtet hat.

Das feine Strickmuster dieser Metapher nimmt den systemischen Ansatz im Bereich des Business-Coachings ernst, aber es bürstet ihn wenig gegen den Strich. Eine systemische Orientierung führt weg von interventionistischen Ideen („Machen Sie ... und ich garantiere Ihnen den Erfolg.") – auch der Mountain Guide garantiert keinen Erfolg, schon gar keinen Erfolg durch Unterordnung. Das Bild, und besonders die Aspekte des Vertrauens bei diesem Bild, weist hin zu einem anderen gedanklichen Rahmen: Auch Business-Coaching ist, theoretisch gesprochen,

Kommunikation und unterliegt deren Regeln. Diese Arbeit ist nur als Dialog zu fassen, in dem nicht die Expertendiagnose gilt, sondern der gemeinsam ausgehandelte Auftrag, in dem es zwar einen definierten Rahmen mit Zielvorstellung gibt, der aber dennoch ergebnisoffen ist. Wie der Gastbeitrag von Maria Staubach zeigt, ist ein systemisch gegründetes Coaching am besten zu fassen als ein geteiltes und in Bezug zueinander gesetztes Expertentum (das gilt natürlich nicht nur für Coaching, sondern auch für andere Bereiche von Beratung). Die Kunden haben allerdings oft fertige Rezepte und richtige Anweisungen gesucht und so hat sich die Szene auch entsprechend entwickelt. Die diesem Buch zugrunde gelegte Systemtheorie hingegen weist darauf hin, dass Coaching als Verfahren im Sinne von „Ich weiß, was richtig ist" gar nicht funktionieren kann. Man sollte Coaching also anders beschreiben.

Die Metapher räumt andererseits mit der systemischen Nabelschau auf. So reicht es nicht aus darauf zu setzen, dass Kunden schon von selbst ihre Lösungen finden werden (sofern man sie nur *richtig* oder sogar *richtig-systemisch* coacht). Guide-coacht man Führungskräfte, wäre dies zu kostspielig und langwierig; hier bestimmen die Rahmenbedingungen die Regeln. Im Coaching ist u. U. mehr Eindeutigkeit und Entschiedenheit gefragt als es in anderen Settings (wie z.B. Psychotherapie) üblich ist. Systemische Selbstbekenntnisse vor sich herzutragen und für Neutralität zu plädieren erübrigt nicht, die allgemein beschriebene systemische Praxis, wie sie sich gerade anhand der Psychotherapie entwickelt hat, auf die Besonderheiten von Coaching umzubrechen. Stringent systemisch gedacht muss man dies sogar, weil man sonst das Kundensystem in seinen Überlegungen nicht ausreichend berücksichtigt. Auch der Bergführer wird im Notfall entschieden den Gang der Dinge beeinflussen wollen, damit der *worst case* vermieden wird. *Trial and error* als Strategie kommt beim Bergsteigen und beim Coaching schnell teuer und manchmal wird es gar lebensgefährlich.

Der Vorschlag, um Expertenallüren und Nabelschau zu vermeiden, ist es, genauestens den Vertrag auszuhandeln. Und oft hat man mit einem Kompromiss zu leben zwischen einer systemischen Praxis und professionellen Vorgaben.

Doch das Bild rundet sich nicht, die Metapher passt nicht ganz. Der Mountain Guide hat es in vielen Aspekten mit „harten Daten" zu tun: Berg und Wetter lassen nicht mit sich handeln. Nur der Aspekt des Vertrauens ist Sache von Kommunikation. Coaching allerdings, so die These des Buches, referiert ausschließlich auf Kommunikation, auf *weiche* Daten. Coaching geschieht im Phänomenbereich jenseits der Physik; der traditionelle Begriff dafür ist: Metaphysik. Es geht um Sinnzusammenhänge, Weltinterpretationen. Es geht um Sichtweisen, um Bedeutungsgebungen, um ein „So oder vielleicht doch besser anders". Sinn kann so oder anders ausfallen, Berge bleiben, wie sie sind (selbst wenn wir nie wissen werden, wie sie „wirklich" sind). Das Matterhorn würde nicht leichter, gäben wir ihm eine andere Beschreibung.

An dieser Stelle kommt der Hofnarr ins Spiel, die zweite Metapher. Der Hofnarr verkörpert nicht die Ernsthaftigkeit, sondern die Welt des Scheins, des Spiels, des Spiels mit Ideen; er ist – wie Friedrich Nietzsche – der Taschenspieler des Metaphysischen. Seine Bühne ist der Königshof, dort hatte er zwei Aufgaben. Er musste den Herrscher unterhalten und zum Lachen bringen und er musste dem Herrscher die Wahrheit sagen. Kam dessen Regierungsstil im Volk an, lag er mit seinen Strategien richtig oder verstieg er sich in Nabelschau und Grandiosität?

Der Hofnarr lockerte festgefügte Weltbilder durch seinen Schabernack, durch seinen *Witz*. Ein erfolgreicher Hofnarr war nicht einfach lustig, er war *gescheit*. Er spielte mit Worten und kehrte die gerichtete Welt um: Er tut so, als wäre oben unten und unten oben. Der Hofnarr ist auf respektlose Art überlegen, denn er durchschaut die Dinge. Er ist wagemutig und kokettiert mit Ideen, die außer ihm am Hofe niemand hat. Aber der Herrscher hatte jederzeit die Möglichkeit zu sagen: Es ist ja nur der Narr, und lehnt die Ideen ab.

So zieht der Hofnarr-Coach Festgefügtes in Zweifel und beginnt zu spielen. Er lädt respektlos gegenüber Weltbildern („Mein Vorgesetzter ist …") den Kunden zum Spielen mit Ideen ein und zum Entdecken bisher unsichtbarer Ideen. Der Hofnarr-Coach ist *agent provocateur*, Ideenlieferant, Komiker (in Abwandlung des Bonmots eines Kollegen: „Coaching ohne Humor ist witzlos".), Rhetoriker und Gaukler – aber in allem sehr ernst zu nehmen. Gerade im systemischen Bereich ist solch spielerisches Denken zuhause.

Dieses Bild weist ebenfalls weg von anweisender Instruktion und es bringt sprachliche Kunst in den Blick. Neue Sichtweisen zu entwerfen hat etwas mit Dichtkunst zu tun. Sprachliche Fähigkeiten, ob närrisch oder ernst, gehören zum Handwerkszeug des Hofnarr-Coachs. Immerhin einen Unterschied gibt es: Der Coach als Narr wird nur selten einen Kopf kürzer gemacht, was den Hofnarren ereilt, wenn er seinen ernstzunehmenden Dienst nicht tut oder sich im Tonfall vergreift.

Die beiden Metaphern ermöglichen eigen-sinnige und eigensinnige Konkretionen. Sie reflektieren spezifische Haltungen, die aus der Sicht des Autors einen guten Coach ausmachen – jenseits von „Techniken". Genau dies macht den Reiz dieses Buches aus. „Techniken" kann man schon anderswo lesen, die meisten kann man einfach anwenden. Aber das macht noch lange keinen guten Coach. *Mountain Guide* und *Hofnarr* entwerfen einen an Vertrauen orientierten Hintergrund, der einen Sinnhorizont für die Arbeit konturiert. Sie können auf Ideen bringen und den Prozess in guten Bahnen geleiten. Erfüllen die beiden Bilder diese Aufgabe, entsteht ein Gewinn jenseits von Worten. Sie könnten einen Beitrag leisten dazu, welche Ideen man verantwortlich auswählt und ins Spiel bringt.

Vielleicht sind Bilder (neben Geschichten, von denen das Buch ebenso voll ist) die noch verbliebene Möglichkeit, Verbindlichkeiten anzubieten und Brücken zu schaffen über Abgründe (der Mountain Guide) und Waghalsigkeiten (des Hoffnarren) unserer Welt. Und sie können dies, weil sie keine Wahrheiten sein wollen, sondern sie wollen (im Sinne von Wittgenstein) nur etwas zeigen.

Möge das Buch seinen Weg zu den Lesenden finden.

In nun mehr als 30-jähriger freundschaftlicher, bergsteigerischer und professioneller Verbundenheit

Günther Emlein

Eine lange und eine kurze Zeit ...

Die Geschichte zu diesem Buch ist einerseits eine sehr lange und sie ist zugleich auch eine kurze.

Es sind weit mehr als drei Jahrzehnte an Berufserfahrung, die mich als Berater in verschiedenen Feldern meiner Tätigkeit stark geprägt und mich immer wieder mit neuen Fragen konfrontiert haben. Dabei unterschieden sich meine persönlichen Fragen und die für mich dazu gefundenen Antworten durchaus von jenen, die ich in der Fachliteratur fand. Diese Differenz war es dann auch, die mich mit eigenen Beiträgen zur Zurückhaltung bewogen hatte, denn es blieben zu viele Fragen offen, zu viele Zweifel, und es gab immer noch zu wenige Antworten.

Erst in der direkten Begegnung mit einigen für mich wegweisenden Autoren, wie Niklas Luhmann, Heinz von Foerster, Siegfried J. Schmidt und Ludwig Reiter, stellten sich für mich jene Diskurse ein, die mein Interesse an der Leistung zum eigenen Beitrag weckten. Es waren dies die Themen des Praktikers, der sich entschieden hatte, sein Handeln an Wissenschaft zu reflektieren und auszurichten. Zugleich war der gewählte Maßstab damit jedoch ein sehr hoher. So fing ich an, die Dinge zu beschreiben, die mich in meinem unmittelbaren Tätigkeitsfeld beschäftigten. Es entstanden Publikationen sehr unterschiedlicher Art, und die Idee eines eigenen Buches nahm im Verlaufe der Zeit Gestalt an. Sicher war ich mir bezüglich des Themas: Es sollte sich um die Leistung des Beraters handeln, um Beratungskommunikation also, das Thema meiner täglichen Praxis und nicht um noch eine neue Facette an Theorie zu selbstreferentiellen Systemen. Luhmanns Zitat, dass alles was wirken soll durch das Nadelöhr menschlicher Kommunikation zu gehen hat, wurde immer stärker zu meiner Leitidee. Dies ist die lange Geschichte des Buches.

Die kurze Geschichte ist ohne meine Berliner Kollegin Gabriele Müller nicht zu verstehen. Sie lud mich ein, gemeinsam mit ihr ein Buch über

Business-Coaching zu schreiben. Ohne zu zögern stimmte ich zu. Neue Aufträge und Herausforderungen verschlangen den spärlichen Rest ihrer Zeit und ich setzte das Projekt alleine fort. Sie und der Lauf der Dinge waren der Auslöser dafür, endlich *mein* Buchprojekt umzusetzen.

Das Buch beinhaltet einen Ausschnitt an Fragen, die mich durch viele Jahre begleiteten, die sich immer dann wieder neu einstellten, wenn ich sie für einstweilig beantwortet erklärte.

Mein Weg, Beratung und später Coaching anzubieten, hatte für mich seinen Ursprung in der Familientherapie. Fasziniert von den unterschiedlichen Ausprägungen familiärer Dynamik, eingebettet in die Entwicklung eines neuen noch um Anerkennung ringenden Paradigmas, entwickelte ich in dieser Zeit des Aufbruchs große Freude mich mit den neuen Ideen, Denkansätzen und Methoden auseinanderzusetzen und sie mir für meine Beratungspraxis zugänglich zu machen. Ich liebte, was ich tat. Dies konnte ich frei von Ambivalenz behaupten, denn ich wusste aus meinem ersten Berufsleben, was ungeliebter Broterwerb bedeutet. Familien und Paare zu beraten fasziniert mich noch immer. Rahmenbedingungen und Schlachtengetöse des beruflichen Umfeldes ließen mich jedoch wieder auf Wanderschaft gehen.

Passende Angebote und die Erkenntnis, dass Wirtschaftsunternehmen für einen Berater wie mich mindestens so herausfordernd, wenn auch ganz anders als Familien sind, weckten mein Interesse.

Die Beratungsleistung Business-Coaching zeigt sich ideologieärmer, der Anspruch der Kunden zielt auf Effizienz. Es geht nicht um die richtige Erklärung; hilfreich zu sein gewinnt an Bedeutung. Ohnehin mehr beheimatet als Grenzgänger denn als Gläubiger, stellen sich mir hier ansprechende Herausforderungen. Sie erhalten vor allem vor dem Hintergrund Bedeutung, dass mich immer die Frage beschäftigte, wie ich als Berater ein Maximum an innerer Freiheit gewinnen kann, ohne den Auftrag zu missachten und ohne Tür und Tor für Manipulation und halbgare Küchenpsychologie zu öffnen.

In Bezug auf diese Fragen fand ich im neuen Aktionsfeld andere, hilfreiche Diskussionszusammenhänge. Nicht nur *von* sondern *mit* Kunden zu reden entsprechen meinem Verständnis von Coaching bzw. Beratung als Dienstleistung.

Dieses Buch ist kein Rezeptbuch. Rezeptbücher gehören zu meinem bereits zitierten ersten Berufsleben. Sie sind selbst für das Erlernen des Kochens ungeeignet. Für die Dienstleistung des Coaches, die Vertrauen voraussetzt, zielt es immer wieder auf eine relativ simple Ausgangsfrage: Was kann ich tun, um dieses Vertrauen zu rechtfertigen, es zu gewinnen, nicht zu verlieren etc.? Dies ist die Basis; alles Weitere ist handwerkliche Kunst. Stelle ich mir diese Frage nicht, ist keine Basis für Coaching gegeben und es wird auch nichts gelingen.

Jedes Kapitel dieses Buches ist für sich alleine lesbar. Es wird seine jeweils eigene Geschichte erzählen. Kommunikation, reflektierte Erfahrung und immer wieder der Versuch, theoretische Überlegungen mit Beschreibungen der Verwinkelung von Beratungskommunikation zu verbinden, bilden die Klammer. Flaggt man sein praktisches Tun als systemisch aus, handelt man sich damit sofort die Aufgabe ein, zu definieren, was darunter zu verstehen ist. Dies bedeutet für den Praktiker *Last und Orientierung*.

Der zweite, theoretisch gehaltene, Beitrag des ersten Teils ist das Resultat langer eigener Überlegungen. Kollegiale Diskurse führten dazu, dass die Ergebnisse einer lang angelegten Arbeit von Maria L. Staubach Eingang in das *Coaching Kompetenz Modell* gefunden haben. Das in diesem Zusammenhang ungewöhnliche Stilmittel, einen *Gastbeitrag* einzufügen bringt dies zum Ausdruck.

Die folgenden weiteren Kapitel wurden jeweils um Praxisbeispiele herum gestaltet. Die Auswahl mag zunächst willkürlich erscheinen, sie wird jedoch von der Idee geleitet, jene Beiträge zu publizieren, die ungewöhnlich verlaufende Prozesse vorstellen und damit für den Praktiker lehrreicher sein können als die eher unauffälligen oder gar geschönten.

Genaue Beschreibung von Beratungskommunikation und Metakommunikation bilden eine zusätzliche Gemeinsamkeit. Sie erlauben Einblicke in Vorgehens- und Sprechweisen. Das Misslingen von Beratung im Detail zu beschreiben, setzt gegenüber der immerwährenden Erfolg versprechenden Coachingliteratur einen deutlich anderen Akzent.

Zum Beispiel führten mich Kundenanliegen zur intensiven Auseinandersetzung mit der Frage: Was passiert, wenn neue Führungskräfte den kommunikativen Raum betreten? Hierzu entstand das Praxisbeispiel über den neuen, gut kommunizierenden Besen.

Die Selektion der beispielhaften Beiträge erfolgte durch den Autor. Leser oder anderen Autor würden vermutlich eine andere Auswahl treffen.

Mit diesem Buch unternehme ich den Versuch, den Leser an *meinen* Reflexionen teilhaben zu lassen. In diesem Sinne ist es ein höchst subjektives, persönliches Buch. Ob es für Ausbilder und Praktiker hilfreich ist, entscheiden diese bekannterweise für sich. Ob es ein Erfolg wird, entscheidet der Markt.

Meiner Kollegin Eva Senges-Anderson danke ich für die Rückmeldung zum ersten Entwurf und manche Ermunterung. Ohne die fürsorgliche Unterstützung von Angelika Stozir wäre mir die für das Schreiben notwendige Zeit immer wieder verloren gegangen. Ich freue mich an dieser Stelle darauf hinweisen zu dürfen, dass ich mit Maria L. Staubach und Günther Emlein seit dreißig Jahren zusammenarbeite. Dies ist eine lange Zeit, menschlich ein großes Glück, und es ist kaum möglich, ohne sprachlich zu verunglücken, die richtigen Worte des Dankes zu finden. Der Gastbeitrag von Maria L. Staubach, das Vorwort von Günther Emlein sowie die Hilfen, die sie mir gewährt haben sind mir eine große Ehre und für das Buch eine Bereicherung.

Vor vielen Jahren begann ich meine Position als Verantwortlicher in der Ausbildung von Coaches schamlos auszunutzen. Immer wenn ich auf einen mich interessierenden Autor traf, lud ich ihn nach Frankfurt ein und es gab Neues aus der Zeisselstraße zu berichten. Eine der Folgen ist nicht zu übersehen: S.J. Schmidt verleiht dem Buch mit seinem Vorwort eine besondere Note. Er unterstützte das Projekt durch seine geschätzte konstruktive Kritik. Durch sein Werk, besonders aber durch die Geduld, die er mir in der Beantwortung meiner vielen Fragen seit Jahren gewährt, konnte sich Kommunikation zu jenem bedeutenden Thema herauskristallisieren, das es für mich geworden ist. Es erlaubt mir vor allem heute meine Liebe zur Literatur und zum Theater mit meiner beruflichen Tätigkeit als Berater zu vereinen.

Ein besonderer Dank gilt meinen Kunden. Sie haben mir vertraut und sich mir mit ihren Anliegen anvertraut. Ich hoffe, dass ich ihnen so oft wie möglich gerecht geworden bin: Ich habe mich darum immer bemüht. Vor allem sie sind gemeint, wenn ich sage:

Ich arbeite nicht, denn ich liebe was ich tue.

Frankfurt im Sommer 2008

Walter Schwertl

1 Theorie – Last und Orientierung für den Praktiker

Braucht der Praktiker theoretisches Wissen?

Zwischen dem Angebot an Theorien selbstreferentieller Systeme und Praxismodellen, die sich hierauf berufen, gibt es wenige Zusammenhänge.

Zwischen Theorien mit sehr hohen Abstraktionsgraden und sehr konkreten Praxisbeschreibungen fehlen verbindende Abhandlungen mittlerer Abstraktion. Praktiker, die auf diese Theorieangebote referieren, müssen in Folge genau darlegen, worauf sie sich beziehen, denn so wie es nicht *die* systemische Beratung gibt, existiert auch nicht *die* allgemein gültige Theorie selbstreferentieller Systeme. Der folgende Diskurs zum Thema ist als Skizze zu verstehen.

Eine erste Behauptung könnte lauten: Jegliche Reflexion über Beratung setzt paradigmatische Annahmen voraus. Diese können reflektiert werden oder auch nicht, sie können sich verschieden ausgeformt präsentieren, aber immer beeinflussen sie die Ausgestaltung von Praxis, wenn auch vornehmlich aus dem Hintergrund. Eine Alternative dazu wäre es, sie transparent und damit auch kritisierbar werden zu lassen.

Die vorgenommene Behauptung lässt sich durchaus überzeugend im Ausbildungskontext vortragen. Sie erscheint in sich schlüssig, weil nachvollziehbar zu sein und wirft dennoch wieder die Frage auf: *„Ich will Praxis lernen, wozu soll ich mich mit Theorie beschäftigen? Coaching ist eine Kunst der Praxis und keine Disziplin der Theorie?"*

Welche Antwort an dieser Stelle auch erfolgt, sie wird genau das Unerwünschte hervorrufen, nämlich eine theoretische Begründung. Es deutet sich eine Unauflösbarkeit an. Will man über Praxis sprechen, sie lehren bzw. über sie schreiben, begibt man sich auf die Ebene von Reflexion. Reflexion über Beratung kann sich dabei auf Glaubensgrundsätze und Ideologien beziehen. Sie kann aber auch an theoretischem Wissen im Sinne eines strukturiert aufgebauten Fundus orientiert sein. Für erfolgreiches, d.h. wirksames Vorgehen erweist sich die folglich gewählte Setzung als konsequent: Beratung benötigt einen soliden theoretischen Hintergrund. Mit dieser Festlegung geht zugleich die Notwendigkeit einher, die Auswahl eben dieses theoretischen Hintergrundes zu treffen, sich also theoretisch zu beheimaten.

Diesen Hintergrund gilt es auszuweisen und mit einer entsprechenden *Praxeologie* zu verknüpfen.

Wähle eine Theorie

Im Praxisfeld Business – Coaching ging die Entwicklung zeitlich geordnet nicht von theoretischen Setzungen, sondern von praktischen Anforderungen aus. Coaching entstand aus Anfragen nach Beratung, bei denen Vertrauen der Auftraggeber und angenommene Fähigkeiten bestimmter akademischer Berufsbilder für die Beauftragung ausschlaggebend waren. Vertreter unternehmenseigener Bildungsabteilungen bzw. als geeignet angesehene Personen wurden diskret als Problemlöser eingesetzt[1]. Ein Berufsbild *Coach* bzw. ein Berufsfeld *Coaching* war zu dieser Zeit noch nicht formuliert. Die notwendige Professionalität wurde aufgrund von Ausbildungsqualifikation (z.B. Dipl. Psych.) unterstellt. Bedingt durch den enormen Zuwachs an Bedarf nach Coaching entwickelte sich der Wettbewerb bezüglich eines passenden Entwurfs an Theoriegebäude für die neue Dienstleistung. Meinungsführerschaft wurde angestrebt. Sie ermöglichte, ein erfolgreiches Angebot an Aus- und Weiterbildung und damit einhergehend Gestaltungs- und Verdienstmöglichkeiten in diesem neuen Sektor zu sichern.

Theorie wird ganz in einer solchen Situation praktisch zum Wirtschaftsgut.

---

[1] Können Sie uns als Psychologe bei folgendem Problem behilflich sein?

Hierzu eine historische Analogie:

Die Entwicklung der Familientherapie zeigt starke Parallelen. Aus praktischen therapeutischen Versuchen entstanden, entwickelte sich ein neues Beratungsmodell, das es erlaubt in einem Setting mit allen Familienmitgliedern gemeinsam und zeitgleich zu sprechen. In enorm kurzer Zeit wurde dieses Verfahren in der gesamten westlichen Welt bekannt. Es entstand eine vermehrte Nachfrage an Ausbildung. Die Frage nach der passenden theoretischen Fassung wurde damit auch wirtschaftlich relevant. Es lagen plötzlich verschiedene Angebote innerhalb des Wettbewerbs um Definitionsmacht und Marktanteile vor. Dieser Wettbewerb wurde jedoch nicht durch Vergleiche in der Gesprächspraxis sondern durch konkurrierende Theorieangebote inszeniert. Das Beispiel zeigt zweierlei:

Die Auswahl einer Theorie hat Folgen. Nicht die richtige Fassung setzt sich durch, sondern das sich durchsetzende Modell wird zur richtigen Theorie erklärt. Wenn aber die Etikettierung (wahr bzw. richtig) kontingent gestellt und die Möglichkeit des Andersseins damit eingeschlossen wird, was wären dann die Selektionskriterien für den Praktiker?

Gute Theorie muss in folgender Weise praktisch sein: Sie stellt der Beratungskommunikation Hilfen zur Verfügung, indem sie Reflexionen über Beratungskommunikation ermöglicht. Schärfer formuliert: Jegliche Reflexion über Beratungskommunikation, jegliche Qualitätssicherung, jegliche Formulierung von Standards, jegliche Praxeologie, setzt Theorie voraus. Für die Dienstleistung *Beratung* gilt es daher, die Dichotomie Theorie : Praxis zurückzuweisen und von einer Einheit aus *Beratungskommunikation – Metakommunikation – paradigmatischen Setzungen* (s. Abb. 1) auszugehen.

Theorien helfen der Praxis

Theorien helfen der Praxis von unten (Schiepek 1991). Die Theorie begrenzt die unendliche Vielfalt möglicher Praxis und sichert dadurch Handlungsspielraum.

Schachspielen bedeutet nicht den operativen Vollzug von Regeln. Die vorhandenen Regeln begrenzen die unendlichen Möglichkeiten, weisen die Willkür in Schranken und ermöglichen somit erst das königliche Spiel.

Ein Fußballspiel ist nicht der Vollzug von FIFA-Regeln sondern FIFA-Regeln machen den anarchischen Kampf um einen Ball zu einem Fußballspiel. Historisch gab es das Spiel (z.B. in Hinterhöfen) längst bevor es FIFA-Regeln gab.

Paradigmatische Setzungen stellen den Rahmen zur Metakommunikation der Beratungskommunikation zur Verfügung (siehe Abbildung 1). Damit wird z.B. in Coachingausbildung Orientierung für Interviewführung, Gestaltung des Auftrags, Ausformung der Beraterrolle usw. angeboten. Diese Orientierung ist nicht als Vorgabe eines richtigen Weges sondern als Angebot eines *Korridors an Möglichkeiten* zu denken. Der Begriff des Korridors[2] lässt mehrere Lösungen zu und wird somit der angenommenen Kontingenz gerecht. Gleichzeitig werden damit die Engführung in der Gefolgschaft um den gültigen Weg zur Wahrheit und ebenso anything goes deutlich begrenzt. Hätten wir für Beratungskommunikation keine Metakommunikation zur Verfügung, könnte sie bestenfalls erfolgen; sie wäre aber nicht reflektierbar und damit nicht von Alltagskommunikationen unterscheidbar. Das Praxisfeld *Coaching* könnte sich in Folge weder in seiner Interviewtechnik noch in seinen Ausbildungskonzepten weiter entwickeln. Es wäre auch nicht lehrbar. Nur paradigmatische Setzungen und Metakommunikation bewahren Praxiskommunikation vor Konzepten, die Gefolgschaft, Gläubigkeit und Unterordnung verlangen. Der offene transparente Diskurs schützt vor Formen des Fundamentalismus, vor Esoterik, Scharlatanerie und sektenhaften Vereinigungen.

---

[2] In diesem Kontext von meinem Kollegen Günther Emlein geprägt.

Beratungskommunikation – Metakommunikation – Paradigmatische Setzungen

Wenn man Theorien nicht entfernt von jeglicher Anwendung, sondern als Instrumente zur Problemlösung versteht, kann eine Praxeologie nicht ohne Theorien gedacht werden. Theorien sind Instrumente zur Lösung von Problemen, sie sind, beachtet man Kontingenz, keine wahren Abbilder von Realität (Schmidt 2000).

Die praktische Tätigkeit von Beratern gehört in die Kategorie der Dienstleistungen. Hierbei gibt es Bereiche, die Reflexion als konstituierenden Bestandteil verlangen (wie z.B. Dienstleistungen im Bildungssektor), im Gegensatz zu jenen, die dies nicht erfordern (wie z.B. Reinigungsarbeiten). Im Coaching werden keine praktischen, reflexionsarmen Aktivitäten verrichtet. Es wird eine Leistung zur Befriedigung eines Bedarfs durch professionelle Kommunikation erbracht. Das konstituierende Merkmal von Coaching besteht, wie auszuführen sein wird, immer aus Kommunikationsleistung. Auch dort, wo sie als professionelles Management der Beziehung zwischen Coach und Kunden (Rauen 2005) beschrieben wird, handelt es sich um Kommunikationsleistung. Aber schon allein der Begriff der Kommunikation bedarf theoretischer Prämissen, soll er nicht durch individualisierte, unreflektierte *Alltagsannahmen* unpräzise werden (siehe nützliche Theoreme für Beratungskommunikation).

Das in der Abbildung 1 dargestellte dreistufige Modell basiert nicht auf ontologischen Annahmen. Es ist eine Setzung, die Beobachterverhältnisse konstituiert (Schmidt 2003). Beratungskommunikation entspricht der Beobachtung von Alltagshandlungen (z.B. in einem Coachinginterview). Wir sprechen hier von Beobachtung 1. Ordnung. Metakommunikation ist Ausdruck von Beobachtung 2. Ordnung; Kommunikation erfolgt über beobachtete Handlungen. Beobachtungen 3. Ordnung richten sich auf Beobachtung 2. Ordnung, d.h. auf Metakommunikation. Sie stellen Setzung zur Verfügung und bieten damit Akteuren bzw. Aktanten strukturierte Orientierungen an.

Abbildung 1: Ebenen von Beratungskommunikation

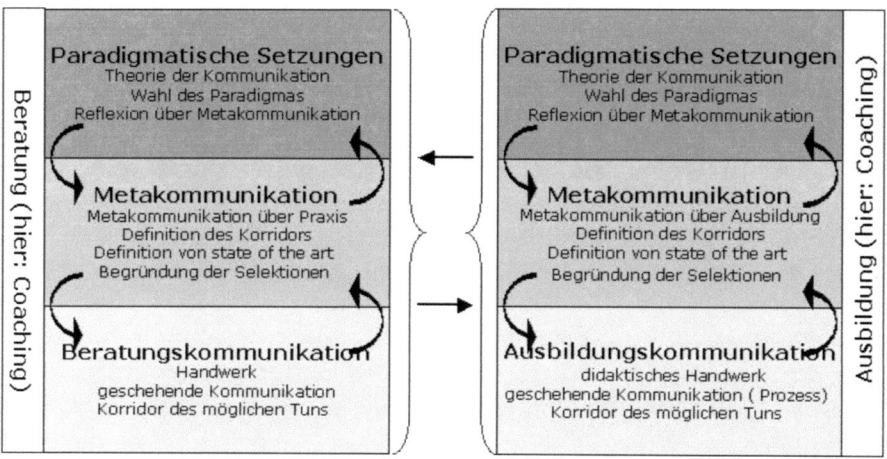

Wie ausgeführt wird, ist der Prozess des Coaching ein Dialog zwischen Kunden und Coach. Ausgehend von dem, was dort geschieht, wird dieser Dialog als *Beratungskommunikation* bezeichnet. Reflexionen jeder Art über Beratungskommunikation sind Kommunikationen über Kommunikationen, also *Metakommunikation*. Die Art und Weise wie *Metakommunikation* ausgestaltet wird, ist nicht beliebig, sie ist durch paradigmatische Setzungen begrenzt. Die Auswahl zugrunde gelegter Modelle (z.B. eines entsprechenden Kommunikationsmodells) findet hier statt. *Setzungen – Metakommunikation und Beratungskommunikation* stehen somit in einem Reflexionsverhältnis zueinander, wobei sie unterschiedliche Abstraktionsebenen verkörpern. Dies bedeutet, die drei Ebenen sind nur hinsichtlich ihrer Abstraktheit hierarchisch, hinsichtlich möglicher Reflexion sind sie zirkulär angeordnet.

Systemisch: mehr als ein Label?

Dialogausschnitt aus einem Bewerbungsgespräch:

Wie würden Sie die theoretische Ausrichtung ihres Beratungsansatzes bezeichnen?
Ich arbeite systemisch!
Was kann ich mir darunter vorstellen?
Ich arbeite mit ganzen Systemen.
Was tun Sie, wenn Sie systemisch arbeiten?
Ich coache Vorstände.

Der leider nicht erfundene Ausschnitt aus einem Bewerbungsgespräch verdeutlicht beispielhaft: Es wird als vorteilhaft angesehen, die Ausformung der eigenen Beratungskommunikation als *systemisch* zu bezeichnen. Soweit es sich hierbei nicht nur um eine Marketingstrategie handelt, ist dagegen nichts einzuwenden. Wenn *systemisch* jedoch mehr als im obigen Dialog ausweisen soll, gilt es zu erklären, was damit gemeint ist

Die Debatte um den Radikalen Konstruktivismus (Schmidt 1987; von Glasersfeld 1997; Schmidt 1998) führte in diversen Praxisfeldern zu großer Beliebigkeit. Supervision, Coaching und viele als systemisch etikettierte Beratungsleistungen verzichteten in Folge auf Grenzziehungen zu Esoterik und sektenartigen Konzepten. Alles wurde möglich: *Eigenkonstruktion der Wirklichkeit* war das Zauberwort, um jedwede Position zu rechtfertigen. Entstehungsbedingungen und substantielle Setzungen der Debatte über den Radikalen Konstruktivismus wurden ignoriert und erlaubten einen *vulgären Radikalkonstruktivismus*. In den Niederungen alltäglicher Praxis wurde die vorne propagierte Beliebigkeit hinten immer dann durch Political Correctness, durch Vorgaben oder Moralismen mit deutlicher Zeitgeistfärbung eingefangen, wenn sie unbequem war (Schmidt 2003). Folgend kann man daher nur Abschied nehmen von dieser Art unterkomplexem Denken.

Business-Coaching muss, um den Vorwurf der Scharlatanerie (Kühl 2008) zu entkräften, seine paradigmatischen Annahmen darlegen und begründen. Die weitere Entwicklung von Business-Coaching wird bei aller

Praxisorientierung und Effizienzüberlegung genau von dieser Transparenz abhängen.

Systemtheoretikern wie N. Luhmann, S.J. Schmidt und P. Watzlawick haben wir es zu verdanken, dass es zur Theorie selbstreferentieller Systeme gegenwärtig kaum konkurrierende Theorieangebote gibt (Luhmann 1987).

Die Theorien selbstreferentieller Systeme bilden hierbei einen formalen, aber inhaltsleeren Rahmen zur Organisation und Interpretation der gewonnenen Daten. Sie ähneln damit Theoriegebäuden wie der Mathematik oder der Kybernetik. So wie die Mathematik eine Wissenschaft zur Berechnung von Kraftfahrzeugen, Wahlstimmen, Wölfen und Sonstigem ist, so kann man mit kybernetischen Prinzipien Logistiksysteme *und* Produktionsstraßen von Pralinen konzipieren. Systemtheorien sind Beobachtungskonzepte zur Ordnung von Daten. Mit ihrer Hilfe beobachten wir Kommunikationen, also Operationen sozialer Systeme (Luhmann 1984). Hierbei kann es sich um so unterschiedliche Prozesse handeln, wie das Interaktionsgeschehen einer Familie, eines Paares, eines Polizeiverhörs, eines Bewerbungsgespräches oder eines Coachingprozesses.

Für Beratungskommunikation bedeutet das: Ihr Korridor der Möglichkeiten und die entsprechenden Reflexionen werden nicht durch energetische Ströme oder Aufstellungsillusionisten, Tarockkünstler oder Geistheiler legitimiert, sondern durch Theorien selbstreferentieller Systeme. Genau dies und nur dies macht aus dem Attribut *systemisch* eine Qualitätsaussage! Wer von systemischer Orientierung spricht, aber das damit konzipierte Verhältnis von Theorie und Praxis nicht darstellen kann, verkauft Worthülsen. Dies mag in der Praxis schwer zu überprüfen oder zu verändern sein, ist aber ohnehin nicht das Hauptanliegen. Es geht um Transparenz und Auskunft darüber, wie die angebotene Leistung an Beratungskommunikation praktisch konzipiert und theoretisch gefasst wird.

Systeme sind Konstrukte, so wie Intelligenz nicht beobachtbar ist, sondern nur erschlossen werden kann, sind Systeme nicht beobachtbar. Von Systemen zu sprechen, bringt letztendlich zum Ausdruck, *wie* beobachtet wird. Beobachten bedeutet nicht die fotographische Wiedergabe eines Systems, sondern das System ist die Folge einer Unterscheidung, die durch Beobachtung in die Welt gelegt wird. Ein System zu sehen, ist die Folge einer Operation. Es wird etwas durch Bezeichnung hervorgehoben (z.B. System-Umwelt Differenzen). Wie die Beobachtung die Grenze legt, legt sie zugleich fest, was zum System gehört und was nicht (praktisch: Welche Kommunikationen beziehe ich als Coach ein und welche kann ich mit guten Gründen vernachlässigen?)

Systeme sind in Folge die Konsequenz einer Unterscheidung und keine existierenden Wesen (Emlein 2007), die beobachterunabhängig die Welt bewohnen. Die Folge ist: Beobachter sind für ihre Operationen verantwortlich. Sie können weder Eigenkonstruktion, Wissenschaft oder Realität dafür verantwortlich machen (Schwertl, Emlein 1996).

Selbstreferentialität von Systemen bedeutet, dass das System nach außen hin abgeschlossen ist. Es entscheidet selbst, was es hineinlässt und was nicht. Das System disponiert über seine Grenze zur Umwelt (sonst würde sich das System in die Umwelt hinein auflösen). Das hat Folgen für die Praxis: Systemische Beratung kann dem (Kunden-)System keine Vorschriften machen, wie es zu ticken hat. Sie arbeitet folgerichtig exklusiv mit Angeboten und wartet auf die Antwort.

Diese Antwort gibt im Sinne einer operativen Fiktion Auskunft darüber, ob das Angebot passend war oder verändert werden muss. Die praktische Kunst besteht darin, immer wieder neue, genauer passende Angebote zu finden. Schiepek (1999) plädiert für die Beachtung folgender Prinzipien:

- Berücksichtigung der Autonomie von Systemen
- Berücksichtigung der Eigendynamik von Systemen
- Berücksichtigung von System – Umwelt
- Berücksichtigung innerer Konstrukte
- Berücksichtigung von Kontext und interpersoneller Kommunikation

Der Fokus richtet sich auf Kommunikation

Beratung wird überwiegend als eine Dienstleistung in Form professioneller Kommunikation definiert. Sie unterliegt somit allen Bedingungen von Kommunikation. Wie ausgeführt existieren sehr unterschiedliche Modellbildungen und theoretische Ansätze über Kommunikation. Verweise auf Luhmann (1984) oder andere Ansätze der Theorie selbstreferentieller Systeme schärfen hier den Fokus noch nicht ausreichend. Dies wird vor allem deutlich, wenn man sich vergegenwärtigt, dass die einzelnen Theoriemodelle keine stringente Konsistenz aufweisen, sondern mehr einen Diskurszusammenhang darstellen.

Es gilt daher für Praktiker eine Entscheidung zu treffen, welche Diskurse passend sein könnten. Der sehr heterogene Rahmen des Diskurses über die Theorien selbstreferentieller Systeme umfasst sehr verschiedene Theoreme.

Beispielhaft seien hier erwähnt:

- Autopoiesiskonzept von Maturana (Maturana & Varela 1987)
- Theorie sozialer Systeme (Luhmann 1984)
- Radikaler Konstruktivismus (Schmidt 1987)
- Synergetik (Haken 1994)

Die Orientierung für die vorzunehmende Eingrenzung wird durch die Dienstleistung signalisiert. Wenn Beratung als Kommunikationsakt geformt wird, treten naturwissenschaftlich geprägte Modellbildungen in den Hintergrund und Begriffe wie *Kultur – Kommunikation – Sprache – Sinn* rücken ins Zentrum. Für Praktiker ist damit allerdings die Last von Theorie noch immer nicht bewältigbar. Die Publikationsleistungen von Autoren wie S.J. Schmidt oder N. Luhmann, 160 Definitionen von Kommunikation (Mertens 1977, zitiert nach Schmidt 1994) rufen nach erneuter Studienzeit oder provozieren die Flucht in eine nicht definierbare Praxis. Der gewählte pragmatische (für die Praxis nützliche) Weg besteht in der Formulierung relevanter Theoreme über Kommunikation. Diese haben ausgewiesene Theoriereferenzen und haben sich im Design von Beratungskommunikation auf zweifache Weise bewährt.

Nützliche Theoreme für Beratungskommunikation

- Jegliche Kommunikationen finden in einem spezifischen Kontext statt. Dieser Zusammenhang führt zu Ein- und Ausschlüssen möglicher Kommunikationsausformungen, der Konstruktion von Sinn und somit letztlich zu Erfolg oder Misserfolg von Kommunikation.
- Beratungskommunikation ist durch ein Dienstleistungsverhältnis, eine zeitliche Begrenzung und sehr unterschiedliche Rollenausformungen sowie Professionalitätsansprüche definiert.
- Es gilt verbale und nonverbale Kommunikation zu differenzieren. Nonverbale Aspekte bestätigen, relativieren oder dementieren verbale Aussagen.
- Kommunikation benötigt Aktanten und ein gemeinsames Kulturprogramm, um Anschlussfähigkeit zwischen kognitiven, autonomen Aktanten bereit zu stellen (Schmidt 2003).
- Nicht die Absicht eines Mitteilenden sondern die Interpretation des Empfängers entscheidet, ob Kommunikation vorliegt, fortgesetzt wird oder auch all dies nicht.
- Kommunikation selektiert. Sie wählt etwas aus. Diese Auswahl kann auch anders ausfallen; sie ist kontingent gestellt.
- Alles über Kommunikation beschreibbare drückt ein Beobachter aus. Damit unterliegt Kommunikation immer den Konstruktionsbedingungen des Beobachters.
- Um fortlaufende Kommunikationen zu gestalten, benötigen wir Wahrheiten und Wirklichkeiten als Regressunterbrecher. Diese sind jedoch nicht als ontologische Größen sondern als kulturell und argumentativ geschaffene Übereinstimmungen zu denken.
- Kommunikationsakte transportieren keine Informationen sondern Schallwellen. Der Empfänger errechnet daraus Sinn, entsprechend

seiner systeminternen Logik. Übertragungsmodelle können dem Wesen von Kommunikation nicht gerecht werden.
- Kommunikation ist mit hohen Voraussetzungslasten belegt. Misslingen ist daher nicht unwahrscheinlich. Sie lebt nicht von Übereinstimmung sondern von Differenzen.
- Kommunikation besteht aus Information (Inhalt), Mitteilung (Beziehung) und Verstehen (Sinn).
- Erfolgreiche Kommunikation hat Folgen.

Markierungen

Die Dienstleistung Beratung kombiniert sich aus Beratungskommunikation – Metakommunikation und paradigmatischen Setzungen.

Theorien helfen der Praxis bei ihrer Ausgestaltung – Reflexion – Weiterentwicklung und Definition von Standards.

Systemisch gerichtete Praxis bedeutet Auskunft zu geben über die getroffenen paradigmatischen Entscheidungen, als Entstehungsbedingungen für die Ausformung von Beratungskommunikation.

Der theoretische Fokus richtet sich auf den für Kommunikation relevanten Diskursanteil.

2 Coaching – eine Annäherung

2.1 Versuch einer Rahmung

Diogenes trifft Luhmann

Über Diogenes, einen indirekten Schüler von Sokrates, ist überliefert, dass er tagsüber mit einer Laterne durch Athen wanderte und hierbei immer wieder erklärte: *Ich suche einen wirklichen Menschen.*

Luhmann wird auf die Frage von Jürgen Habermas, wo in seiner brillanten Systemtheorie der Mensch bleibe, die Antwort zugeschrieben: *ich suche ihn schon lange.* Damit wäre der historische Bogen von über 2000 Jahren gespannt, unter dem sich Coaching einzugliedern hätte. Dies bedeutet: der wahrscheinlich von Kutscher stammende Anglizismus Coaching erfasst nicht ausreichend, worum es geht. Die Dienstleistung Coaching sei daher dem Consultantenhandwerk zugeordnet. Es gilt zu beraten, Wissen zur Verfügung zu stellen, temporär Orientierung anzubieten; aber es gilt nicht, zu heilen. Hiermit sei bereits an dieser Stelle eine deutliche Grenze zur Heilkunst durch das Wort, der Psychotherapie, gezogen.

Der Begriff Coaching hat in den letzten Jahren Karriere gemacht. Hilfestellungen, Anleitungen, Tadel durch Besserwisser, Erziehung, Beratung und Betreuung und viele andere Dienstleistungen werden heute als Coaching bezeichnet. Consultanten, wenn auch unter Namen wie Hauslehrer, Berater oder Privatgelehrte gibt es wie angedeutet schon einige tausend Jahre. Coaching knüpft somit, wenn auch nicht begrifflich, an eine altehrwürdige Tradition an. Viele Personen und Traditionen ließen sich hier aufführen. Der griechische Philosoph Sokrates äußerte sich in mündlichen Dialogen meist auf öffentlichen Plätzen. Diese Form, bekannt als *sokratische Dialoge*, wurde auch als *Hebammenkunst* bezeichnet. Sokrates beschäftigte sich mit Polis, mit Rechtsordnung, mit Sprache, mit

Rhetorik und Bildungsfragen. Die Polis verfügte über einen reichhaltigen Ideenmarkt mit allen Wettbewerbsmerkmalen und dem Kampf um Kunden (Sloterdijk 2008). Seine Dialoge verstand er als offene Forschungsprozesse. Immer wieder wechselte er die Rollen und trat als Nichtwissender auf. Im Curriculum einer aktuellen Coachingausbildung würden wir von der Disziplin des Nicht-Wissens, des im Fragemodus bleibends sprechen (Schwertl 2001). In dem immer wieder kolportierten Satz: *Ich weiß, dass ich nichts weiß,* lässt sich mühelos erkennen, dass es großen Wissens bedarf, um die eigenen Grenzen, die Felder des Nicht-Wissens zu erfassen. Diese Haltung wäre so manchem selbstverliebten, in Eigenmarketing eingewobenen Coach anzuraten. Sokrates liebte es, dem vor ihm ausgebreiteten Wissen konsequent hinterher zu fragen, nicht einfach zu glauben, sondern das scheinbar sichere Wissen immer in Frage zu stellen. Elaborierte Fragetechniken, das wichtigste *Handwerkzeug* im Coaching, spannen damit den Bogen zu Sokrates. Genau diese Fragekunst jedoch wurde ihm zum Verhängnis, galt doch die Frage als Zweifel und somit als Gegenteil des Glaubens an die Götter. Letztlich wurde Sokrates wegen Gottlosigkeit der Prozess gemacht und zum Tode verurteilt. Er trank den Schierlingsbecher.

Der Giftbecher beendete neben geöffneten Pulsadern auch das Leben von Seneca dem Jüngeren.

Seneca war Berater und Lehrer des römischen Kaisers Nero. In der Trostschrift an Marcia gab er Hilfen, damit diese besser über den Tod ihres Sohnes hinwegkommen sollten. Sein dreiteiliges Werk über den Zorn erinnert unmittelbar an Coaches, die sich um öffentliche Auftritte und Medienwirksamkeit ihrer Kunden kümmern. Seneca wurden immer wieder Beteiligungen an Intrigen und Machtspielen nachgesagt, die letztlich Nero dazu bewogen, von ihm die Selbsttötung zu verlangen. Es ist ungesichert, ob er mit dem Rollentausch, die Mächtigen nicht nur zu beraten, modern zu coachen, sondern selbst ein Coach zu werden, geliebäugelt hatte. Die Forschung geht davon aus, dass der große Verdienst Senecas darin bestand, Neros Anflüge an Wahnsinn (Cäsarenwahn) in Grenzen gehalten zu haben. Nach Senecas Tod folgten jene Katastrophen, die wir mit Nero verbinden: die Ermordung seiner Mutter und die Christenverfolgung. Das ihm lange Zeit zur Last gelegte Anzünden Roms dürfte allerdings ein historischer Irrtum sein.

Auf dem Weg in die Gegenwart wäre Niccolo Machiavelli als die personifizierte Strategieberatung zu nennen. Mit ihm entstand die Gilde der Sekretäre und Ratgeber zu Hofe (Sloterdijk 2008), die in dem nur in Wien vergebenen Titel des *Hofrats* noch heute ein sprachliches Denkmal haben.

Selbst eine grobe Skizze des Consultantentums verlangt einen Hinweis auf die Gesellschaft Jesu, die Jesuiten. Ihr beraterischer Einfluss kann gar nicht überschätzt werden. Aus ihren Bildungsinstitutionen (heute: Coachingausbildung) gingen Persönlichkeiten wie Rene Descartes, Voltaire oder Karl Rahner hervor. Ihre Beratungskompetenz (z.B. Oswald von Nell-Breuning) und damit ihr Einfluss waren enorm.

Die Beispiele könnten fast beliebig fortgesetzt werden. Jedem Leser werden, ist der Blick erst geöffnet, beispielhaft zahllose historische Persönlichkeiten und ihre Beratungsleistungen einfallen, die wir heute Coaching nennen würden.

Coaching – eine Definition

Das Bild ist faszinierend und gleichzeitig verwirrend. Coaching wird heute vieles genannt. Dies bedeutet man muss festlegen, was man darunter versteht. Die Auseinandersetzung mit Coaching führt sehr schnell zu verschiedenen Optionen. Man findet (z.B. im Bücherangebot oder im Internet) Dienstleistungen, die früher als Beratung (Umgang mit Hunden) oder geistige Lehre (Zenmeister) oder Trainingshilfe (Marathontraining) etikettiert gewesen wären, heute als Coaching angepriesen. Der psychosoziale Bereich Elternberatung heißt Eltern-Coaching. (Liebes)Paare zu beraten firmiert unter Liebes-Coaching. Ob all diese Dienstleistungen unter dem Etikett Coaching wirklich qualitativ besser geworden sind sei dahingestellt. Im Folgenden wird davon nicht die Rede sein. Es wird deutlich, hier ist vieles Mode oder alter Wein in neuen Schläuchen. Dies mag so mancher hochprofessionell operierende Coach als zuviel an Freiheit, als zu große Unübersichtlichkeit, als unnütze Verwirrung am Markt ansehen (Wolff, Rauen et al. 2008) – Gelassenheit ist hier angebracht. Freiheit, auch die des Beratungsmarktes, kommt nicht immer geregelt daher. Was wäre die Alternative? Wäre es ein Szenario mit Coachingkartellen, elektronischen Coachingkarten, Beratungs- Abrechnungsvereinigungen (s. Kassenärztliche Vereinigung), die im Sinne der Kartellerhaltung die Zulassung regeln und deren monströser Verwaltungsaufwand vom Kleinunternehmer Coach finanziert wird? Wäre es das Präsidium und der Fachrat einer Aufsichtsvereinigung, die über all dem wacht? Gegenüber einer solchen Durchregelung und Geldvernichtungsbürokratie kann man mit Pudel-, Koch- und Diät-Coaching sehr gut leben. Konzentrieren wir uns auf jenes Praxisfeld, dem Coaching heute seine Bedeutung verdankt.

Ich verweise kurz auf eine Definition des DBVC[3]: „Coaching ist die professionelle Beratung, Begleitung von Personen mit Führungs- und Steuerungsfunktionen ... in Leistungsprozessen und primär beruflichen Anliegen (DBVC 2007)."

Es wird deutlich, Coaching ist ein Angebot für beruflich bedingte (Führungs-)Aufgaben in Zusammenhang mit hohen Leistungsanforderungen. Die Geschichte von Coaching zeigt, solche Leistungsanforderungen können auch aus der Kunst (z.B. Musik u.s.w.) oder dem Berufssport kommen; sie sind nicht zwingend mit Führungsaufgaben in Wirtschaftsunternehmen oder Organisationen verbunden.

Ein Beispiel aus dem Sport mag dies verdeutlichen: Im Profiboxen kommt dem Trainer (seit Jahrzehnten Coach genannt) die Funktion zu, mit seinem Schützling dessen Leistungsfähigkeit zu organisieren. Es wird deutlich: Unterstützung zur Leistungserbringung, Wissen zur Verfügung stellen, aber auch Verantwortung zu übernehmen, sind wesentliche Bestimmungsstücke für das Berufsbild Coach. Große Unternehmen sind längst dazu übergegangen, im Rahmen ihrer Fürsorgepflicht regelmäßige medizinische Untersuchungen ihrer Führungskräfte zu organisieren. Im sportlichen Bereich ist dies ohnehin nicht wegzudenken. Etwas unscharf

---

[3] Deutscher Bundesverband Coaching

formuliert kann man den professionellen Coach als einen sozialpsychologischen Experten in Analogie zum Arbeitsmediziner definieren. Damit kommen wir zu einer wichtigen Abgrenzung als zusätzlichem Bestimmungsstück. Coaches operieren nicht im Feld von (Psycho-)Therapie oder Psychopathologie. Coaches stellen eine psychologische Dienstleistung in einem Kontext zur Verfügung, der ausdrücklich nicht Therapie zum Inhalt hat. Wenn einzelne Coaches bestimmte handwerkliche Fähigkeiten aus einem therapeutischen Rahmen in einen Coachingkontext transferieren und in Folge auf jede offene oder versteckte Pathologisierung verzichten, ist dies kein Widerspruch. Bei einem solchen Methodentransfer (z.B. Fragetechniken) sind vor allem die kulturellen Unterschiede der beiden Systeme zu beachten. Coaching hat, und dies ist ein großer Vorteil, einen klaren Dienstleistungscharakter. Die Nebengeräusche des Helfens sind weniger und die Vielfältigkeit ist eine faszinierende Herausforderung. In der Dienstleistung Coaching liegt die Definitionsmacht wesentlich stärker auf der Seite der Kunden als auf der Seite von Gesundheitskartellen. Es wird jedoch auch deutlich, Coaching als Profession hat noch einige Hürden zu bewältigen.

Zusammenfassung

- Coaching ist eine Supportleistung im Bereich von hohen Leistungsanforderungen. Solche Leistungsanforderungen können z.B. im Spitzensport, in der Topebene von Kunst und Entertainment oder im Rahmen von beruflichem Engagement entstehen.
Hier ist zum einen Business Coaching zu nennen, das im Wesentlichen der Potentialoptimierung dient. Der Coach muss nicht zwingend über Feldkompetenzen, z.B. die fachlichen Fertigkeiten zur Produktion von Pralinen, verfügen. Allerdings wird hier profundes Wissen über Management vorausgesetzt. Die Fachkompetenzen liegen im Human Ressources Bereich, nicht in den Produktions- oder Dienstleistungsdetails einzelner Branchen. Gute Business Coaches

können z.B. dem Leiter eines Finanzamtes ihre qualifizierten Dienste anbieten, ohne selbst Experten des Steuerrechts zu sein.
- Neben Business-Coaching ist Expertencoaching zu nennen. Der Coach verfügt über die genannten Feldkompetenzen eines Fachgebietes. Sie sind inhaltliche Ausstattung seiner Leistung und seiner Fachkompetenzen. Die Grenze zu Training wird dabei etwas unschärfer. Beispiele wie Coaching für Boxer, Coaching zur Gewinnung von Interviewsicherheit, Präsentationscoaching verdeutlichen dies. Expertencoaching koppelt an die ehrwürdige Tradition des Handwerks an. Der ältere erfahrene Meister gibt sein Wissen weiter. Das früher zu bezahlende Lehrgeld kann heute mit der Honorierung des Coaches verglichen werden. Hier ist immer Feldkompetenz, d.h. fachinhaltliche Kompetenz Voraussetzung. Um im Beispiel zu bleiben: Expertencoaching zur Herstellung von Pralinen setzt die notwendigen spezifischen Spezialkenntnisse eines Patissiers voraus.
- Die beiden Coachingformen, in der Literatur gelegentlich auch als Fach- bzw. Prozesscoaching unterschieden, weisen interessante Überlappungen auf. Verfügt der Coach über beide Fähigkeiten und ist ihre Erbringung durch den Auftrag opportun oder geboten, sprechen wir von Komplementärcoaching.
- Eine deutliche Trennung zwischen Therapie und Coaching zu machen ist State of the Art.

2.2 Coaching Kompetenzmodell

Ein Coachingprozess lässt sich auf sehr unterschiedliche und vielfältige Weise beschreiben. Keines dieser Modelle kann für sich Allgemeingültigkeit in Anspruch nehmen. Sie stehen vielmehr in ihrer Unterschiedlichkeit im Wettbewerb miteinander. Das im Folgenden beschriebene Modell beansprucht für sich, den Graben zwischen Rezeptologie („Man nehme ...") und abstrakt theoretischer Prozessbeschreibung ohne Praxisbezug zu überwinden. Es wird daran gemessen, dem Praktiker Orientierungen zu geben, die im Fokus der Theorie selbstreferentieller Systeme, insbesondere entsprechender Kommunikationsmodelle möglichst widerspruchsarm erscheinen.

Es handelt sich um ein Kompetenzmodell, das beantwortet, was ein qualifizierter Coach zu können hat. Durch die Definitionen der notwendigen Kompetenzen wird quasi durch die Hintertür skizziert, wie ein qualifizierter Coachingprozess gefasst werden kann. Diese Vorgehensweise reduziert das Risiko der Rezeptologie. Man kann die Anforderung an den Coach voran stellen und erhält das Geschehen oder man formuliert das Geschehen und erhält die Anforderungen. Das Diktat der Sprache erlaubt nur eine lineare Darstellung dieses zirkulären Gewinns an Erkenntnis.

Abbildung 2: Coaching Kompetenzmodell

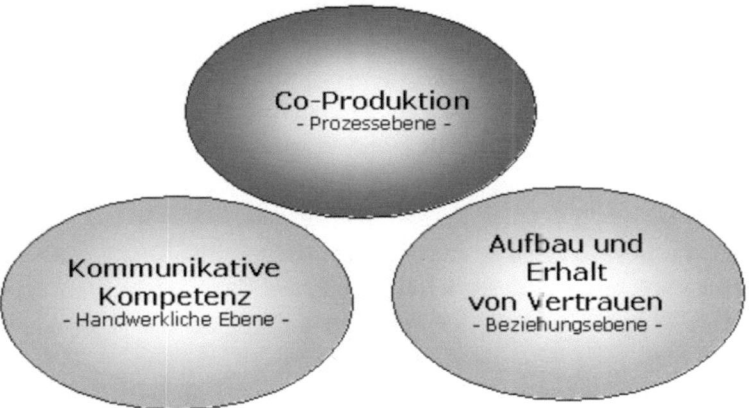

Kommunikative Kompetenzen

Einen passenden Fokus wählen

Ein neugieriger Blick hinter die Kulissen von Coachingprozessen führt zu interessanten Fragen. Eine erste Frage wäre: Was ist die Kernkompetenz eines Coaches und welche Anforderungen sind an ihn zu stellen? Zwischen verschiedenen Ausformungen von Beratung finden sich Gemeinsamkeiten, aber auch große Unterschiede. Die Tautologie, einen Rat zu geben, bietet hier noch keine Antwort. Im Folgenden wird daher die Frage in den Mittelpunkt gestellt, welche handwerklichen Fähigkeiten Coaches für ihre Tätigkeit mitzubringen haben bzw. weiter gefasst: was sind die Kernkompetenzen eines Coaches?

Coaches wollen, besser müssen Einfluss nehmen. Die zunächst scheinbar unbegrenzte Weite einer solchen Einflussnahme ist durch die Definition eines zu erreichenden Zieles eingegrenzt. Genauer formuliert: Aus Einflussnahme allgemein wird somit immer Einflussnahme mit einer spezifischen Zielsetzung (z.B. Coaching zur Verbesserung von Führungsleistungen) mit einem bestimmten Auftrag. Hierzu bedienen sich Coaches u.a. ihrer Vorannahmen, von denen sie denken, dass sie zur Zielerreichung hilfreich sind. Es kann sich dabei um erprobte Praxiskonzepte, um ideologisch- metaphysische Glaubenssätze oder schlichtweg um Beliefs handeln, denen man die entsprechende Wirkung zuschreibt. Die Frage lautet daher nicht: Sind Coachingsprozessen paradigmatische Annahmen unterlegt? Sondern: Welche Annahmen sind unterlegt?[4] Dies bedeutet, dass kein Coach frei von Vorannahmen, frei von Hypothesen, quasi wie ein weißes Feld, den Coachingprozess startet. Die Vorurteilsfreiheit ist eine von der Zunft der Consultanten erfundene Konstruktion, um den Coach außerhalb jeglichen Verdachts der Parteinahme zu stellen. Nimmt er aber keinerlei Partei wirkt er nicht, und wenn er nicht wirkt, stellt sich sofort die Frage nach seinem Wert.

Es gilt, sich selbst Rechenschaft ablegen, die eigenen (einstweiligen) Hypothesen nicht nur mitlaufen zu lassen, sondern bewusst einzusetzen.

In der Sprache des Handwerkers formuliert heißt das kundzutun, mit welchem Handwerkszeug der Veränderungsprozess initiiert und beeinflusst werden sollte und wie das Kunst(Hand)werk Coaching am Ende des Prozesses auszusehen hätte.

---

[4] Ein Grundverständnis von Beratung als Show Act wäre eben auch eine solche paradigmatische Annahme.

Im Rahmen dieser Arbeit ist zu fragen: Was haben solche hochabstrakten Modelle[5] mit Coaching zu tun? Wobei können solche Überlegungen hilfreich sein? Die Antwort fällt nicht schwer. Wir brauchen Konzepte, die erfahrungsnah gebaut sind, um der Vielfalt von Beratungskommunikation gerecht werden zu können[6]. Erfahrene Coaches (Erfahrung sei hier als reflektierte Quantität an Beratung definiert) sind sich längst der Nichtinstruierbarkeit sozialer Prozesse bewusst. Weniger Erfahrene oder Beratungsprinzipanten sind wesentlich stärker der Hybris der Instruierbarkeit von Menschen verfallen. Die Faszination des Kontrollmodells ist eben (noch nicht) durch Erfahrung gebändigt. Was ist die Aufgabe dieser Beratungsleistung, wenn Determinierbarkeit auszuschließen ist, mag man sich fragen? Einflussnahme, Verstörung, Behinderung der Fortsetzung wenig erfolgreicher Muster oder Musterbrechung, all dies sind mögliche Beschreibungen potentiell erfolgreicher Interventionen. Aber Beratung als Verhaltensvorgabe an Menschen mit Hilfe instruktiver Interventionen lässt sich mit den Ideen der Kybernetik zweiter Ordnung (Foerster 1993) nicht aufrecht erhalten. Unser heutiges Wissen über Kommunikationsprozesse und deren Beeinflussbarkeit zwingt uns zur Aufgabe des Kontrollmodells, damit zur Relativierung des Expertenstatus und so letztlich zu mehr Bescheidenheit (von Foerster 1985). Aber auch soziale Sensibilisierungsprogramme sind nur begrenzt sinnvoll. Zunächst darf angezweifelt werden, ob dies im Kontext von Unternehmen wirklich ein umfassend hilfreiches Programm sein könnte. Auch wenn dies unterstellt würde: Ohne Kommunikationsleistung würde die gewonnene Sensibilität der Organisation nicht zur Verfügung stehen. Alles was nicht durch das Nadelöhr von Kommunikation geht (Luhmann 1984) steht nicht zur Verfügung. Die Grundlage für erfolgreiches Operie-

---

[5] Die Leitdifferenz Kontroll- vs. Autonomiemodell findet sich im Übrigen auch in fast allen wissenschaftlich ausgerichteten Theoriedebatten von psychotherapeutischen Verfahren. Organisationsberater des obigen Typus nehmen viele Anleihen in den Praxismodellen systemischer Familientherapie (siehe z.B. Schwertl 2000b).
[6] Beispielsweise sind psychologische Theorien, die intrapsychische Strukturen abzubilden versuchen, nicht geeignet interpsychische, also Mehrpersonenphänomene darzustellen

ren als Coach besteht in der handwerklichen Fähigkeit, die im Folgenden als *kommunikative Kompetenz* beschrieben wird.

Kommunikation oder: Wenn Alltägliches besonders sein soll

Betrachten wir die handwerklichen Seiten von Coachingprozessen müssen wir uns mit dessen Grundoperationen, nämlich Kommunikationen auseinandersetzen. Bereits mit der einfachen Frage, wie dies wohl begrifflich fassbar sein könnte, gerät man an eine kaum überwindbare Mauer von mehr als 160 Definitionen (Schmidt 1994).

Schmidt (2000) folgend lässt sich formulieren: Wir können mit anderen nur reden, aber nicht mit ihnen denken. Auf Luhmann (1984) verweisend kann Coaching daher immer nur Vollzug von Kommunikation bedeuten. Wir können nicht die Gedanken Anderer denken, die Gefühle Anderer fühlen oder auf die neuronalen Feuerungen Anderer antworten. In Folge haben wir als Berater nichts als Kommunikation zur Verfügung[7]. Wir werden immer wieder darauf zurückgeworfen. Die Kernkompetenz guter Coaches ist daher als eine besondere Befähigung verstehbar, im Dickicht von Kommunikation zu operieren. Luhmanns Thesen zu Kommunikation (1984) lösten in den letzten Jahren eine kontroverse Diskussion aus. Sie führten zu großer Zustimmung und ebenso intensiver Ablehnung. Er erklärt, dass das Gelingen von Kommunikation unwahrscheinlich ist und wir uns eher missverstehen als verstehen können. Weiterhin verzichtet dieser Denker auf das (theoretisch höchst fragile!) Konstrukt *Mensch* und nimmt damit einen anderen Ausgangspunkt für seinen Theoriebau. Dies wirkt wie ein fundamentaler Sündenfall gegenüber altehrwürdigen Theorien und gegenüber der Philosophiegeschichte. Reden wir von Kommunikation, so meinen wir gerade nicht Begriffe wie Sender, Empfänger und Transport der Information. Eine solche Sichtweise wäre eine reine Signalübertragungstheorie (Shannon & Beaver 1949, S. 102)

---

[7] Dies sei in deutlicher Absetzung zu vielen psychotherapeutischen Lehrmeinungen formuliert, die uns suggerieren, wir könnten die Gefühle Anderer verstehen, ihren Schmerz teilen – metaphorisch gesprochen in sie eindringen.

und keine Kommunikationstheorie. Signalübertragungen (z.B. tag – tag – tag) sind frei von Sinn und daher als Kommunikationstheorien, die Sinn erzeugen müssen, untauglich. Kommunikation ist kein Postpaket, das von einem Sender entgegengenommen und einem Empfänger übergeben wird. Die Bedeutung des Gesagten bleibt beim Sender. Der Empfänger wiederum liest die Information mit seinen individuellen Bedeutungszuweisungen. Zwischen beiden entsteht ein gemeinsam bestückter, eigener und jeweils individueller Bedeutungskosmos, der sich von den Sinnwelten der beteiligten Einzelpersonen unterscheidet. Dies bedeutet, Verstehen ist nicht das Resultat korrekter Signalübertragung, sondern das Ergebnis der Konsensbildung der Beteiligten. Kommunikation besteht nach Luhmann (1984) aus drei Selektionen: *Information, Mitteilung und Verstehen*. Wer etwas sagen will, wählt aus dem gesamten Angebot der Informationen eine bestimmte aus. Er teilt diese Information jemandem mit (*„Ich sage Dir"*). Der Angesprochene versteht sie (*„Du sagst mir"*) oder er versteht sie nicht. Die umgangssprachliche Formulierung, er fühlt sich nicht angesprochen, bringt dies exakt zum Ausdruck. Was die angesprochene Person versteht, ist von der sprechenden Person nicht kontrollierbar. Dies wird bestimmt von dem, was vorher gesagt worden ist und davon, was die verstehende Person wie aufnimmt. Die Codierung ist also systemspezifisch; die Kriterien dafür werden durch das System autonom behandelt. Die Bedeutungszuweisung kann so sein, wie der Gesprächspartner dies wünscht, sie kann aber auch anders ausfallen. Verstehen ist Teil von Kommunikation. Dieses aber ist determiniert durch den Empfänger und nicht durch den Urheber einer Mitteilung. Eine Steuerung der Codierung eines anderen Systems ist nicht möglich, da Systeme bezüglich ihrer Operationen von außen nicht steuerbar sind. In diesem Sinne ist auch das Kommunizieren anderer nicht steuerbar. Es kann gelingen oder auch nicht.

Die im Folgenden beschriebenen Einzelaspekte kommunikativer Kompetenz sind als Parameter zu verstehen. Jeder Einzelne kann fokussiert werden. Immer dann, wenn dies geschieht, werden die Anderen zur Umwelt. Praxisnah formuliert heißt dies: Wenn in einem Aspekt schwache Ausprägungen, Defizite oder Störungen auftreten, ist es hilfreich, den

Fokus zu wechseln, um durch den Perspektivenwechsel das Gesamtergebnis zu verbessern. Ähnlich einem Lern- und Lösungszyklus (Bergmann 1999) wird immer dann der Parameter gewechselt, wenn weitere Operationen an einem spezifischen Parameter nicht mehr zielführend sind (nicht "mehr desselben tun"). Kommunikative Kompetenz stellt daher nicht die Summe der einzelnen Parameter dar, sondern beinhaltet zusätzlich Ideen, wie mit den einzelnen Parametern zu verfahren ist.

Dialoge fördern

Der seit Jahren evidente Anstieg an Komplexität in Organisationen aufgrund hochgradiger Vernetzungen, enormer Beschleunigung der Prozesse durch die rasanten Entwicklungen elektronischer Kommunikationsmittel und einem enormen Wandel der Märkte konfrontiert Unternehmen zusehends mit der Anforderung effiziente Formen abgestimmter Zusammenarbeit zu entwickeln. Kooperatives Handeln erhält eine zentrale Bedeutung für die Zukunftsfähigkeit, das Überleben der Organisation (Freimuth & Elfers 1992)[8]. Zugleich muss es für das Handeln der beteiligten Individuen mehr Nutzen erkennen lassen als individuell orientiertes Tun. Eine Kultur der Kooperation muss über das Schlagwort hinaus die Chance erhalten, sich als Programm des Unternehmens zu generieren.

Kooperationskulturen manifestieren sich in spezifischen Kommunikationen. Dabei erhalten Bereitschaft und Kompetenzen zur Dialogführung eine Schlüsselfunktion.

Dennoch sind Dialoge *nicht immer* das geeignete Mittel. Innerhalb einer Organisation sind unzählige Situationen denkbar, in denen weder Raum noch Zeit für Dialoge vorhanden sind.[9] Führungsinterventionen können nicht immer dialogisch erfolgen.

---

[8] s.a. Axelrod 1984

[9] Immer dann, wenn für ein Produkt oder eine Dienstleistung zwischen Auftragsvergabe und Fertigstellung nur wenig Zeit zur Verfügung steht, bleibt wenig Zeit für Dialoge. Dienstleistungen, wie sie Feuerwehr oder vergleichbare Organisationen erbringen, leben

Im Alltag führen wir Diskussionen, verteidigen Standpunkte, stellen Forderungen auf, verdächtigen unser Gegenüber oder operieren mit als Wahrheiten deklarierten Behauptungen. Wir investieren viel Zeit und Energie, um unseren Standpunkt durchzusetzen und unsere Interpunktionen[10] mit dem Signum der Allgemeingültigkeit adeln zu lassen.

Dialoge hingegen sind ganz spezifische Interaktionsprozesse, die sich durch folgende Aspekte auszeichnen:

- Akzeptanz der unterschiedlichen Interpunktionen. Jeder kann sagen was er zusagen hat. Dies bedeutet spiegelbildlich: Jeder wird auch gehört.
- Kommunikationspartner verrechnen das Gesagte nach ihrer eigenen Logik. Einen archimedischen Punkt hinsichtlich Richtigkeit gibt es nicht. Dialogfähigkeit heißt daher auch, die Fähigkeit und Bereitschaft des Gegenüber zu respektieren vor allem dann wenn er abweicht.
- Glaubenssätze (Beliefs) und Vorannahmen (Assumptions) werden temporär, d.h. für den spezifischen Dialog suspendiert.
- Auf lineare Erklärungsmuster, die immer auch Schuldzuweisung implizieren, wird weitgehend verzichtet.
- Organisationen benötigen Entscheidungen und entsprechende Verantwortlichkeiten. Wenn sie gefällt werden sind sie mit Transparenz hinsichtlich ihrer Setzungen auszustatten.
- Entwertungskommunikationen sollten durch einen Wettbewerb um die besten Ideen modifiziert werden.
- Der eigene Beitrag soll die Achtung vor dem Beitrag des Anderen ohne entsprechende Erklärung zum Ausdruck bringen. Achtungskommunikation kann man nicht propagieren, aber durch den eigenen Stil unkommentiert zum Ausdruck bringen.

---

von ihrer schnellen Realisierung und damit von kurzen Kommunikationswegen. Dialoge hingegen brauchen Zeit.
[10] Subjektiv empfundene Startpunkte der Kommunikationsabläufe seitens der Gesprächspartner

- Der Krieg der Worte um die Durchsetzung der eigenen Position ist durch eine gemeinsame Suche nach Konsens zu ersetzen.

Inhalten verpflichtet sein

Jede Art von Interaktion entwickelt eine eigene Prozessdynamik. Die Interaktion kann laut, leise, aufgeregt, ruhig usw. verlaufen. Diese Dynamik ist von Affekten beeinflusst, die dem Dialog unterlegt sind oder während dieses Dialogs entstehen. Die Wortwahl, der gesamte Bereich nonverbaler Gestik, Stimme, Tonfall und der Kontext des Gespräches nehmen Einfluss, ohne dass damit Kausalitätsannahmen unterstellt werden. Dies gilt ubiquitär für jegliche Art von Gespräch. Es wird an dieser Stelle nicht zwischen professionellen und alltäglichen Gesprächskontexten unterschieden. Die mehr oder weniger große Beeinflussung durch Affekte gilt für den Dialog im Coachingprozess, aber auch für einen Diskurs um Fußball. Was aber unterscheidet professionelle Interaktionsprozesse von anderen? Bei einem privaten Abendessen mag es als erfolgreich verbucht werden, wenn die Dialoge wenig gesteuert, quasi spontan, ohne sichtbare Mühe bei einem Thema bleiben oder von Thema zu Thema wandern. Solange der Zweck (z.B. das schöne Gespräch zu einem guten Abendessen) erfüllt wird, wird dies als erfolgreich verbucht.

Von Beratern oder auch ihren Kunden wird (zurecht!) besondere Kompetenz hinsichtlich Gestaltung und damit Steuerung eines Dialogs erwartet. Das Erzeugen angenehmer Gefühle, wohliger Stimmungen ist hier erstens nicht ausreichend, zweitens oft nicht möglich, drittens nicht gewollt und viertens allzu häufig zeitlich nicht realisierbar. Gespräche in formellen Kontexten sind terminiert, großem Zeitdruck ausgesetzt, sie unterliegen einer impliziten oder auch expliziten Effizienzkontrolle und die Partner generieren den Dialog zunächst aus rationalen Erwägungen. Relativierung von Effizienzüberlegungen, Rationalität oder starke Akzentuierung von Emotionen wäre hier, wenn auch gelegentlich beworben, nicht zielführend. Sensibilisierungsprogramme und Psychotherapeutisierung organisationaler Prozesse wird, obwohl propagiert, als Irrweg angesehen. Solche Tendenzen erfahren in Wirtschaftssystemen keine Akzeptanz. Auch wenn Kommunikationsprozesse nicht frei von Emotionen und wenig rational ablaufen, sind sie absichtsvoll und zweckorientiert angelegt. Der sich entfaltenden Dynamik muss von den Aktanten eine inhaltliche Struktur gegeben werden, die als Orientierungsrahmen unterlegt wird. Idealtypisch wirkt sie immer dann, wenn die Grenzen der Vereinbarung bedroht sind und thematische Entgleisung droht. Der Einsatz eines adäquaten (möglichst sparsamen) Aufwands für Steuerung ist Teil kommunikativer Kompetenz. Die relevanten Fragen sind in Folge exemplarisch aufgeführt. Sie sind in jeder Form kombinier- und abwandelbar.

> **Fragen zur inhaltlichen Gestaltung von Coachingprozessen**
>
> - Was ist das Ziel des Gesprächs?
> - Welche Unterziele lassen sich formulieren?
> - Wer sollte beteiligt sein?
> - Sind alle Beteiligten über das Ziel informiert?
> - Was sind die Parameter der Zielerreichung?
> - Welche Themen könnten strittig sein?
> - Wie viel Zeit steht zur Verfügung (wird gebraucht)?
> - Gibt es thematische Präferenzen, wenn ja, womit wird begonnen?
> - Gibt es Themen mit hoher Einigungswahrscheinlichkeit, um damit beginnen zu können?
> - Gibt es Szenarien, wenn die Zeit nicht reicht oder notwendige Einigung nicht erzielt wird?
> - Wer steuert (moderiert) das Gespräch?
> - Was würden nicht Anwesende, aber an diesem Prozess Beteiligte zu den genannten Zielen sagen?

Konstruktiv bleiben

Das innerhalb der systemischen Theorie immer wieder hervorgehobene Prinzip der Selbstorganisation (z.B. Schiepek 1997) wird von Praktikern gelegentlich missverstanden. Nicht die Notwendigkeit von Einflussnahme, lediglich determinierte Fremdsteuerung (1:1-Steuerung von außen) wird in Abrede gestellt. Würde man von Beeinflussbarkeit generell Abstand nehmen, wäre dies letztlich das Ende jeglicher Hoffnung auf Gestaltbarkeit von Dialogen. Aktanten bestimmen (und verantworten damit!), welche Inhalte sie erörtern. Sie bestimmen, was ausgesprochen und was verschwiegen wird. Neben dem Was treffen sie auch eine Entscheidung über das Wie. Sie werden den einen oder den anderen Weg weiter verfolgen. Um eine häufig kolportierte Metapher zu bemühen: Sie akzentuieren das halbvolle oder das halbleere Glas. Die eine oder andere Glashälfte wird damit Inhalt weiterer kommunikativer Akte sein. Die kommunikative Leistung des Beraters besteht nun darin, solche Beschreibungen zu wählen, die weitere konstruktive Beschreibungen ermöglichen. Für die weitere Entwicklung des Dialoges macht es einen erheblichen Unterschied, ob von Defiziten oder von notwendigen Lernschritten gesprochen wird. Werden defizitäre Beschreibungen, Fehlendes oder Nichtgewolltes konstant zum Inhalt, so entsteht für den Berater die Notwendigkeit, intervenierend einzugreifen. S.J. Schmidt (2000) operiert an dieser Stelle mit dem altehrwürdigen Konzept Vertrauen. Vertrauen erleichtert die Schaffung gemeinsamer Wirklichkeiten. Damit reduziert sich die Wahrscheinlichkeit des Misslingens von Kommunikation und die Beibehaltung konstruktiver Inhalte wird gefördert. Vertrauen ist vor allem immer dann schwer zu erhalten bzw. zu erwerben, wenn Interessensausgleich bzw. ein entsprechendes Management von Dissens (Zwingmann et al. 1998) nicht möglich ist. Ein äußeres Alarmzeichen besteht darin, dass unterschiedliche Standpunkte oder Interessen nicht mehr Inhalt von Kommunikation sind. Das Schweigen der Mitarbeiter gegenüber der Geschäftsleitung oder der Bevölkerung gegenüber Politikern sind hier bekannte Beispiele. Von Beratern ist zu fordern, dass sie die Etablierung von Kommunikationsverboten möglichst verhindern und vorhandene

Interessensdifferenzen immer wieder zum Inhalt von Kommunikation machen. Wir teilen mit Menschen Inhalte, denen wir vertrauen und wir vertrauen jenen, mit denen wir Inhalte teilen. Der konstruktive Umgang mit den Inhalten erhöht die Wahrscheinlichkeit Vertrauen zu erzeugen und zu erhalten.

Fragen zur Konstruktivität des Dialogs:

- Sind die gewählten Beschreibungen konstruktiv?
- Sind sie lösungsorientiert?
- Gelingt es, defizitorientierte Beschreibungen zu relativieren?
- Welche Interventionen zur Vertrauensbildung werden kommuniziert?
- Existieren Kommunikationsverbote?
- Wie sind vorhandene Kommunikationsverbote auflösbar?
- Wie geht man mit Interessensgegensätzen um?
- Was würde helfen, konstruktive Beschreibungen zu finden?
- Sind die Grundvoraussetzungen konstruktiv formuliert?
- Wie könnte die Interaktion konstruktiv gestaltet werden?
- Was könnte die konstruktive Seite destruktiver Beiträge sein?
- Wurden die Folgen fehlender Konstruktivität deutlich kommuniziert?

Kundenorientierung als Grundhaltung

Die Bezeichnung der Interaktionspartner (Vater, Mutter, Freund) lässt auf die Art der Beziehung schließen. Dies gilt auch, wenngleich oft versteckter in professionellen Kommunikationszusammenhängen Die Bezeichnung Patient (lat. patiens – der Leidende, Geduldige) signalisiert ein hierarchisches Verhältnis, in dem über den Leistungsempfänger verhandelt wird. Klient (Client – der Schutzbefohlene) drückt die Hilfsbedürftigkeit und die Verantwortung des Verantwortlichen aus. Die Bezeichnung Mandant, im anwaltlichen Verhältnis gebräuchlich, impliziert, dass der Mandatsträger (z.B. der Anwalt) für den Mandanten handelt bzw. spricht. Mandanten dürfen ihre Interessen in der Regel nicht selbst vertreten.

Wenn im Folgenden von Kunden die Rede ist, impliziert dies immer auch grundsätzliche Annahmen über den Dialogpartner. Anspruchsvoll formuliert: Die Bezeichnung Kundenorientierung gibt Auskunft über das unterlegte Menschenbild. Im althochdeutschen Wortstamm kundare (für sich kundig sein) ist indirekt jene Vorstellung angelegt, die sich bei S.J. Schmidt wie folgt liest.

> „Es bedeutet von Zwangsberatungen und interventionistischen Modellen bewusst auf Modelle der Selbstorganisation umzustellen, denn nur mit solchen Modellen kann man den Operationsbedingungen kognitiver wie kommunikativer Systeme erfolgreich Rechnung tragen." (Schmidt, 2000; S.137).

Auf Modelle von Selbstorganisation des Kunden umzustellen, heißt in der Praxis nichts anderes als Dialogpartnern zuzubilligen, dass sie ihre Entscheidungen selbst treffen, dazu in der Lage sind und diese auch verantworten. Das Konzept der extrinsischen Motivation (Fremdmotivation) bzw. Manipulation verliert seine Bedeutung. Die Fähigkeit zur Gestaltung von Dialogen erweist sich als hilfreiches Mittel. Es bedarf einer Neuorientierung, die letztlich drauf hinausläuft, dass nicht mehr die *Diagnose des Experten,* sondern der ausgehandelte Auftrag die Grundlage und Legitimation der Aktivitäten des Beraters ist. Nicht *objektive* Erkenntnisse, sondern Vereinbarung sind die Basis. Kundenorientierung wird zu einem bestimmenden Kulturelement, zur Grundlage des Kommunikationsstils. Bereits der Auftrag ist das Resultat eines Kommunikationsprozesses, nämlich die Operationalisierung der Anliegen des Beraters und des Kunden. Erst wenn das Anliegen des Beraters und das Anliegen des Kunden via Kommunikation in einem definierten Prozess zusammengefasst wurden, kann man von einem Auftrag sprechen. Dieses sorgfältige Verhandeln eines Auftrags, verbunden mit entsprechenden Rückversicherungen im Falle von Störungen, stellt eines der wichtigsten Steuerungselemente kommunikativer Kompetenz dar.

Fragen zu Kunden

- Ist mein Kunde ein für sich Kundiger oder jemand, dem ich etwas verkaufen will?
- Sehe ich meine Kunden als fähig an, selbst zu entscheiden?
- Welche Vorstellungen vom Kompetenzprofil meines Kunden habe ich?
- Stelle ich meine Expertise zur Verfügung, damit der Kunde entscheiden kann?
- Wie definiere ich meinen Expertenstatus?
- Referiere ich auf Vereinbarungen oder auf einen objektivistischen Sachstand?
- Differenziere ich zwischen Anliegen und Auftrag?
- Überprüfe ich meine Aufträge in Hinblick auf Passung zwischen Coach und Kunde?
- Bin ich neugierig auf meine Kunden?
- Passt das Anliegen des Kunden zu meinem Portfolio?

Differenzen erfolgreich managen

Berater werden immer dann gerufen, wenn Differenzen also Dissens zu bewältigen sind. Management von Dissens (Zwingmann et al. 1998) meint aber keineswegs die Einebnung von Differenzen. Es bedeutet Finden und Handhaben von Kommunikationsformen, mit deren Hilfe Lösungen des jeweiligen Problems ermittelt werden können. Solche Lösungen („viele Lösungen für ein Problem") werden dann tragfähig sein, wenn sie für die Beteiligten akzeptabel sind. Es gilt, den Beteiligten so wenig wie möglich und so viel wie nötig zuzumuten. Eine solch ungenaue Aussage zu machen, provoziert den Ruf nach anderen Konzepten, Kochbuchrezepten („wenn ..., dann ...") und Simplifizierungsstrategien

(„eine Lösung für alle Probleme").[11] Kommunikative Kompetenz bedeutet eben auch, auf Kommunikationsprozesse zu vertrauen und Ungewissheiten zu ertragen. Wer die Dinge vorher und möglichst alleine zu konzipieren versucht, vertraut weniger auf Kommunikation sondern auf die Durchsetzung via Macht und Manipulation. Kurzfristige, z.T. rein kosmetische Erfolge sind dabei aber keineswegs ausgeschlossen. Die zukunftsweisenden organisationalen Aufgaben, basierend auf flachen Hierarchien, Netzwerken, weitgehend selbst gesteuerten Einheiten, fordern jedoch ein Höchstmaß an Kommunikation und Kooperation (s.a. Doppler & Lauterburg 1997). Der Erfolg beginnt mit der Beachtung von Operationsbedingungen von Kommunikation und nicht beim Entwickeln von Manipulationstechniken. Wir müssen daher als Berater konsequenter über Kommunikationsdesigns nachdenken. Dies bedeutet, den Aufmerksamkeitsfokus auf die Gestaltung der Rahmenbedingungen und nicht nur auf Inhalte zu richten. Diese bestimmen weitgehend den Verlauf und die Sinngestaltung. Die dafür notwendigen Grundideen finden sich häufig in kulturellen Selbstverständlichkeiten, ja Banalitäten, die für diesen Zweck kaum reflektiert werden und daher als Ressource wenig genützt werden. Hier einige Beispiele:

- Wenn zwei Personen miteinander sprechen wollen, setzen sie sich gegenüber!
- Um den Aufbau von Vertrauen zu fördern inszeniert man Geschäftsessen! Die Einhaltung von Verhaltensstandards signalisiert Zugehörigkeit oder Fremdheit zur jeweiligen Kohorte!
- Kinobestuhlung und Dialog schließen sich aus.

Zur bewussten Gestaltung solcher Kommunikationskontexte existieren erste, wenn auch noch rudimentäre Versuche (Zwingmann et al. 1998). Deissler, Keller und Schug (1996) operieren im Rahmen von therapeutischen Reflexionsgruppen mit unterschiedlichen Designs. Die berichteten

---

[11] Heinz von Foerster beschreibt dies leicht ironisch so: "Heinz von Foersters Theorem 1: Je tiefer das Problem, das ignoriert wird, desto größer die Chancen , Ruhm und Erfolg einzuheimsen" (von Foerster 1985, S. 17)

Erfahrungen beschränken sich allerdings auf klinische Kontexte. Sie sind daher nicht einfach auf Unternehmen übertragbar. Königswieser (1996) zeigt, wie gerade in Prozessen, die von Kommunikationsabbruch bedroht sind, durch Kontextgestaltung die Dialogfähigkeit erhalten werden kann. Bergmanns Lösungszyklus (1999) bietet eine andere interessante Analogie: Das Managen von Differenzen wird gelernt. Dieses Erlernen erhöht kommunikative Kompetenz durch den Erwerb von Wissen (z.B. über Kontextgestaltung). Der Wissenserwerb erlaubt weitere sinnliche Erfahrungen (Aufbau von Vertrauen) und professionelle Kommunikationsprozesse. Zusätzlich wird deren Reflexion erleichtert. Dies wiederum erhöht den Aufbau kommunikativer Kompetenzen. Das erfolgreiche Managen von Differenzen wird somit zur selbst gesteuerten Startoperation.

Fragen zum Management von Dissens

- Werden vorhandene Differenzen benannt?
- Sind alle relevanten Personen einbezogen?
- Wie könnten Differenzen zur Lösung gebracht werden?
- Gibt es ein vereinbartes Szenario, wenn keine Lösungen gefunden werden?
- Wie erklären die Kunden die Differenzen?
- Gibt es nicht besprechbaren Dissens?
- Wie wird mit nicht-besprechbaren Dissens umgegangen?
- Existieren Kompetenzen zur Prozesstaktung?
- Sind die Folgen des Dissens beherrschbar?
- Kann Gesichtsverlust vermieden werden?
- Besitzt der Coach für die relevanten Konflikte das Vertrauen der Beteiligten?
- Wie würde sich ein nicht beherrschbarer Dissens auswirken?

Wie kann kommunikative Kompetenz gelernt werden?

Aktanten haben durch eine erste (allgemeine) Sozialisation in der Familie und durch schulische Ausbildung Grundlagen zur Kommunikationsfähigkeit erhalten. Der zweite Schritt ist bereits spezifischer. Er ist auf einen Beruf oder einen Qualifikationsstatus (z.B. Studienabschluss) ausgerichtet. Die Herausbildung kommunikativer Kompetenzen kann als dritte Sozialisation, die bereits entsprechende formale Qualifizierungen voraussetzt, verstanden werden. Hier geht es um den Erwerb der skizzierten spezifischen Fähigkeiten. Kommunikationsprozesse zu gestalten und erfolgreich zu steuern wird zur spezifischen handwerklichen Fähigkeit. Dies ersetzt keine fachlichen Qualifikationen sondern ergänzt sie. Sozialisation ist hier allerdings nicht als Übertragung von Kulturmustern zu verstehen, sondern ist nach der Bereitstellung entsprechender Kulturangebote immer als Selbstsozialisation (Luhmann 1987) zu denken. Diesen Teil des Aufbaus an Kompetenz kann man daher schwerlich nur mit Aus- und Weiterbildungsprogrammen erreichen. Solche Programme, die man sich als Entwicklungsbeschleuniger in einem letztlich autonomen Prozess vorstellen kann, zeichnen sich durch das Verbessern absichtsvoller Kommunikation aus. Darunter verstehen wir, dass in Modellsituationen, also quasi im Labor, kommunikative Kompetenz gelernt wird. Verständlich wird die Überlegung, wenn man sich vergegenwärtigt, dass der Erwerb beruflicher Fähigkeiten (z.B. Erstellung von Softwareprogrammen oder Durchführung chirurgischer Operationen) noch nichts über kommunikative Kompetenz aussagt.[12]

Für praxisnahe, aber theoretisch fundierte Abhandlungen über Kommunikation ist der Grad der Begehbarkeit extrem schmal. Auf der einen Seite droht der Absturz in die Trivialliteratur über glückliches Dialogisieren. Die andere Seite führt ins Dickicht praxisferner Theorie.

---

[12] Das vom Institut für systemische Theorie und Praxis Frankfurt und K 3 Beratergruppe Frankfurt konzipierte Drei Säulen Modell zum Erwerb kommunikativer Kompetenz hat sich hier als nützlich erwiesen.

Alles Reden ist sinnlos,
wenn das Vertrauen fehlt.
Franz Kafka

Aufbau und Erhalt von Vertrauen

Vertrauen: Ein Konzept zur Reduktion von Komplexität

Jede Wahrnehmung, jedes Kommunikationsangebot beinhaltet Kontingenz. Das Angebot kann wie vom Beobachter gewünscht, aber auch anders verstanden werden. Die Bewältigung von Kontingenz gehört zu den wichtigsten Aufgaben unserer Handlungsfähigkeit[13]. Wir haben daher Möglichkeiten zur Kontingenzreduktion entwickelt:

- Religionen über ihre Dogmen[14]: *„Die Wahrheit ist ..."*
- Autoritäre politische Systeme über ihre Parteistatuten: *„Die Partei sagt ..."*
- Strafbewährte Gesetze regeln das Zusammenleben der Bürger: *„Jeder Autofahrer weiß, wann er zu halten hat ..."*

Unendlich oft entscheidet sich der Einzelne für die Strategie des *„So tun als ob"* und erst die Retrospektive gibt Auskunft über Richtigkeit bzw. Fehlerhaftigkeit der Entscheidung. Eine weitere Möglichkeit ist es, mit dem altehrwürdigen Konzept Vertrauen zu operieren (Schmidt 2000).

Je komplizierter Arbeitsabläufe, entsprechende Sicherungsprozesse und EDV-technischen Abbildungen werden, um so mehr an Vertrauen wird vom einzelnen Mitarbeiter erwartet. Dort, wo wir mental oder taktil begreifen konnten, sind wir heute herausgefordert zu vertrauen, denn selbst der eingesetzte Experte ist fachinhaltlich nicht überprüfbar. Es ist daher nicht sonderlich hellseherisch zu behaupten: Vertrauen, besser

---

[13] Wenn die Rotschaltung der Ampel gleichermaßen fahren und halten bedeuten würde, wären wir handlungsunfähig.
[14] s Lübbe 1998

gesagt das fehlende Vertrauen nämlich Misstrauen, wird uns zukünftig in aller Deutlichkeit beschäftigen.

Die genauere Auseinandersetzung mit dem vertrauten Begriff *Vertrauen* ist daher angemessen.

Versuch einer theoretischen Fassung von Vertrauen

Vertrauen ist eine Begründung und Absicherung für Entscheidungen und den daraus abgeleiteten Handlungen. Sie ist Ausdruck der Beurteilungen des Vorgefundenen. Mitarbeiter und Führungskräfte vertrauen gegenseitig darauf, dass der jeweils andere das leistet, was er zu tun versprach. Vertrauen wird meistens unreflektiert vorausgesetzt. Vertrauen wird oft erst dann zu einem relevanten, praktisch erfassbaren Thema, wenn es an ihm mangelt.

Vertrauen in das Management eines Unternehmens wird als wichtigste Qualität für einen wertvollen Arbeitgeber angesehen. Nimmt man dieses Ergebnis ernst, zeigen sich weit reichende Konsequenzen (Göggelmann, Hauser 2004)[15]. Vertrauen ist als Grundlage, als Gleitmittel für jegliche Kooperation anzusehen (Beckert, Metzner et al. 1998). Vertrauenserosion wird auf Grund ihrer destruktiven Dynamik zur Gefahr jeglicher Form von Organisation. Schmidt (2000) erkennt in dem Konzept Vertrauen die zentrale Möglichkeit, mit dem Dilemma der doppelten Kontingenz und den damit verknüpften sozialen Komplexitäten umzugehen. Für alle Formen von Beratung gilt: ohne das Entstehen von Vertrauen kann es keine Beratung geben. Vertrauen wird immer dann nötig, wenn es zwischen Personen zu einem sozialen Vertrag kommt. Werden Güter bzw. Leistungen nicht zeitgleich mit der Gegenleistung übergeben, kann die auftretende Zeitdifferenz nur durch Vertrauen zwischen den Partnern überbrückt werden, Beratungskommunikation und damit auch Coaching ist an dieser Stelle mit besonderen Erschwernissen belastet:

---

[15] Innerhalb der Managementlehre könnte der Pursuit of Happiness Approach (Hauptzweck von Organisationen sei es, die Menschen zufrieden und glücklich zu machen) durch sinnvolle Investitionen in Entwicklung – Förderung – Erhaltung von Vertrauen ersetzt werden.

Coaches machen ihren Kunden Kommunikationsangebote in Form von Erklärungen, Aufgaben, Szenarien, Verschreibungen und anderen Interventionen. Sie tun dies immer mit der Hoffnung, dass Kunden diese Interventionen im Sinne der vereinbarten Ziele verrechnen (siehe Schmidt operative Fiktion). Zur Verrechnung nach systeminterner Logik gehört auch, erst zu einem von außen nicht steuerbaren Zeitpunkt zurechenbare Reaktionen zu zeigen. Kunden berichten immer wieder, dass sie lange nach Abschluss des Coachings sich eines spezifischen Dialogs erinnerten und daraus Konsequenzen zogen. So, wie Erfahrungen die man als traumatisch bezeichnet, oft erheblich zeitverzögert Wirkung zeigen, ist auch die zeitliche Wirkung von Beratungsleistung nicht kalkulierbar. Pointiert ausgedrückt bedeutet dies, Coaches verkaufen eine Dienstleistung deren volle Wirkung zeitlich nicht berechenbar ist.

Die Verwertung von Angeboten wird auf systemeigene Weise vollzogen[16]. Die hierzu notwendige individuelle Zeit ist in Analogie zur Relativitätstheorie als Eigenzeit zu verstehen. Sie ist von außen nicht determinierbar (Luhmann 1984). Ob freundlich vorgetragene Intervention des Coaches oder traurige Nachricht über Tod bzw. Unfall, beide Kommunikationsangebote unterliegen dieser Gesetzmäßigkeit.

Praktiker beobachten diese Besonderheit: Kunden, die im Coachingprozess scheinbar unbeeindruckt bleiben, berichten manchmal lange Zeit später über einen für sie bedeutenden Satz, der sie berührt und Handlungsaktivitäten ausgelöst hat.

Damit Coaching ein ertragreicher Prozess und Strecken der Ungewissheit überwunden werden können, sind mit dem Kunden die unbekannten Differenzen zwischen Kommunikationsofferten und ihren Wirkungen interaktiv zu verhandeln.

Werden, wie skizziert, die Interessenslagen des Kunden erreicht kann Risiko für den Kunden abgewogen und handhabbar, somit Vertrauen aufgebaut werden: Die Annahmechancen von Beratungskommunikation erhöhen sich deutlich.

---

[16] Dies ist keineswegs als mechanistischer Vorgang zu verstehen; hier versagen alle *Mensch = Maschine*[16] Gleichungen. An dieser Stelle zeigt sich, ob *systemisch* als Marketing-starke Worthülse benützt wird oder Ausdruck paradigmatischer Vorstellungen ist.

Vertrauen – Einige nützliche Unterscheidungen

Vertrautheit

Vertrautheit kann für all jene Umstände, Situationen und Gegebenheiten zugrunde gelegt werden, die wir ohne tiefer gehende weitere Abwägung bewältigen. Dies bezieht sich auf den Umgang mit Sachen[17], aber auch auf Kommunikationsakte. Vertrautheit ist daher ein unvermeidbarer, notwendiger und meist diskret mitlaufender Prozess menschlicher Existenz. Das Fehlen von Vertrautheit in seiner ausgeprägtesten Form finden wir in pathologischen Zuständen bzw. spezifischen organisatorischen Interaktionen[18].

Die Unterscheidung zwischen Vertrautheit in Abgrenzung zu Zuversicht und Vertrauen ist kein direkt beobachtbarer Wert. Wir können daher nicht die Unterscheidung selbst, sondern nur deren Folgen beobachten.

Zuversicht

Zuversicht (Confidence) sehen wir als Normalfall an. Wir vernachlässigen die Möglichkeit der Enttäuschung. Wir sind zuversichtlich, dass die Lenkung unseres Autos in der Kurve nicht bricht, die bestellte Speise nicht vergiftet ist. Man vernachlässigt diese Möglichkeiten weil sie sehr selten eintreten oder eine Alternative nicht in Sicht ist (Luhmann 2001).

Wir sind zuversichtlich, dass der andere Verkehrsteilnehmer die Ampelfarbe rot als Stopp-Signal erkennt, während wir der Ampelfarbe grün durch Weiterfahren folgen. Dies bedeutet nicht, dass wir vertrauen, sondern dass wir zuversichtlich sind, dass der Ablauf wie angenommen erfolgen wird. Wir würden Zuversicht auch zu Grunde legen, wenn es sich um einen anderen Verkehrsteilnehmer handeln würde als um den im angedachten Falle.

---

[17] N. Luhmann war sein berühmter Zettelkasten sehr vertraut.
[18] z..B.. Formen der Paranoia bzw. Bespitzelungen und anderen verdeckten Aktivitäten

Vertrauen

Vertrauen (Trust) bietet sich als Lösung für eine spezifische Problemsituation an. Der umgangssprachliche Ausdruck, *jemand das Vertrauen schenken*, beschreibt den Vorgang sehr präzise. Der Kunde entscheidet sich für das Coachingangebot von Coach A. Die Entscheidungshoheit liegt bei ihm und er trifft die Wahl. Hierbei wird deutlich, dass alle Versuche, Vertrauen herzustellen oder zu erhalten, dieser Entscheidungshoheit unterliegen. Vertrauen ist nicht erzwingbar. Geschliffene Aufforderungen aus der Sprache des Marketings (*„Sie können uns Ihr Vertrauen schenken!"*) sind der Versuch, diese Entscheidung vor sich her zu treiben. Sie sind daher im besten Falle wirkungslos.

Wenn man sich zwischen verschiedenen Möglichkeiten entscheidet, bedeutet dies: Vertrauen gegenüber der gewählten Seite. Mit der Entscheidung zu vertrauen wird ein bestimmtes Risiko in Kauf genommen. Risiken entstehen nur in Folge von Handlungen oder Entscheidungen. Sie stehen in direkter Beziehung zu ihnen; existieren also nicht für sich alleine. Verzichtet man jedoch auf Entscheidungen und Handlungen, um Risiken auszuweichen, erkauft man sich damit die Konsequenzen bzw. Risiken des Nichthandelns. Dies bedeutet wir müssen uns oft zwischen Nichthandeln und Risiko entscheiden.

Die Beziehung zwischen Vertrauen und Zuversicht ist jedoch nicht als Nullsummenspiel beschreibbar. Nichtentscheidung bzw. die Verfolgung mehrerer Wege ist hier denkbar. In einer Startoperation steht keine Sicherheit zur Verfügung, wir handeln quasi blind. Gelingt der Vertrauensaufbau nicht, wird es zu keiner weiteren Möglichkeit kommen. Misslingt z.B. in einem Coachingprozess der Aufbau von Vertrauen in einem ersten Kontakt, ist die Chance für einen zweiten Versuch meistens nicht mehr gegeben.

Zuversicht und *Vertrautheit* sind keineswegs robuste Werte. Individuelle Erfahrungen und kulturelle Besonderheiten erzeugen Varianzen. Zuversicht oder Vertrautheit können sich trotz vieler *Vertrauensbeweise* auflösen. Besondere Offenheit als vertrauensbildende Maßnahme kann eben auch als besonders ausgeklügelte Strategie verstanden werden. Es handelt sich um diskrete Werte (Bateson 1976) und diese zeichnen sich dadurch aus, dass zuviel oder zuwenig davon schädlich ist. Zu nennen sind hier fehlendes Vertrauen und Zuversicht auf der einen Seite und naives Vertrauen und damit Schutzlosigkeit auf der anderen Seite. Für die weiteren Überlegungen wird die begriffliche Differenzierung in der folgenden Tabelle zusammengefasst.

Controlling von Zuversicht und Vertrauen

FORMEN	UNTERSCHIEDLICHE FORMEN VON VERTRAUEN (SELBSTVERGEWISSERUNG)		
	VERTRAUTHEIT	ZUVERSICHT (Confidence)	VERTRAUEN (Trust)
UNTER-SCHIEDE	Unabdingbare Notwendigkeit	Innewohnende Gefahr	Einkalkuliertes Risiko
BEISPIELE	Vertrautheit naher Angehöriger	Zuversicht bezüglich Einhaltung der STVO	Vertrauter Berater
BESCHREIBUNG	- lebensnotwendig - benötigt keine Reflexion - läuft als diskrete Variable - ubiquitäre Erscheinung - lang anhaltend - sehr widerstandsfähig	- beinhaltet Möglichkeit der Enttäuschung - Enttäuschung wird als unwahrscheinlich angesehen - keine Alternative - Bejahung trotz Restrisiko - kontingente Ereignisse werden durch Zuversicht *(So tun als ob)* bewältigt - temporär	- Risiko der Entscheidung - durch Verzicht kein Risiko - aktive Entscheidung für eine Seite - Risiko und Erfolg korrelieren
FÜHRT HÄUFIG ZU	pathologischen Zuständen (Wahn)	Aufbau privater sozial isolierter Welten	Nicht-Entscheidung

oder: *Willst du Misstrauen, so messe Vertrauen*!

Wie ausgeführt hat Vertrauen große Relevanz im Zeitalter der Globalisierung, telekooperativer Geschäftsbeziehungen, großer Joint Ventures, Kartellbildungen, riesiger, nicht fassbarer Supraorganisationen. Vor diesem Hintergrund ist es nur konsequent, wenn Versuche gemacht werden, Zuversicht und Vertrauen in Kennzahlen zu pressen, um sie messbar zu machen (Hirsch et al 2004). Diese Versuche sind verständlich und nachvollziehbar.

Im Lichte des bisher Gesagten werden Kennzahlen jedoch immer nur den Grad des fehlenden Vertrauens abbilden. Controlling von Vertrauen bedeutet: Misstrauen und Überprüfung als erste Schritte vertreiben die Möglichkeit von Vertrauensaufbau[19]. Es ist nicht auszuschließen, sondern wahrscheinlich, dass jener Personenkreis, dessen Vertrauens- und Zuversichtsquotient errechnet wird, genau auf die Messung mit weiterem Entzug von Vertrauen und Zuversicht reagiert. Die Messung würde in Folge die Vertrauenserosion erheblich beschleunigen. Wenn also Kennzahlen keine Lösung darstellen, was ist bei schwindender Zuversicht und der großen Bedeutung von Vertrauen und Zuversicht zu tun? Die Lösung ist relativ einfach, jedoch für viele Aktanten kompliziert: Der Status Quo muss zum Inhalt von Kommunikationsprozessen mit offenem Ausgang werden. Die formulierte Skepsis gegenüber Kennzahlen richtet sich also nicht gegen einen Diskurs über Zuversicht und Vertrauen, sondern gegen Paradoxien und methodische Probleme, die mit Kennzahlen verbunden sind. Aufbau, Erhalt und Reorganisation von Zuversicht und Vertrauen ist durch betriebswirtschaftliches Controlling nicht steuerbar, so groß der Anreiz auch sein mag, Vertrauen zu kontrollieren. Die Argumentation, mit Kennzahlen einen archimedischen Punkt außerhalb des Systems zu fassen, führt zur Reduktion von Zuversicht und damit zu entsprechenden Verhaltensweisen[20].

---

[19] Diese Versuche erinnern an den alten Hippiesong „Catch the Wind".
[20] Der amerikanische Berater und Psychotherapeut Jay Haley (2002) hat in einem äußerst brillanten Essay die Paradoxien abgehandelt, die entstehen wenn der Versuch gemacht wird, Vertrauen zu kontrollieren.

Entstehung, Erhalt und Gefährdung von Vertrauen

In schwierigen Phasen, in denen Kommunikationsprozesse (z.B. Coachings) von Abbruch bedroht sind, Zweifel über den eingeschlagenen Weg entstehen, hält oft nur Zuversicht die Zweifel im Zaume. Abbrüche führen in der Regel zu wenig erfreulichen Lösungen. Damit Vertrauen und Zuversicht sich entwickeln können, bedarf es Zeit[21]. Im Gegensatz hierzu ist Vertrauen jedoch sehr schnell wieder verloren[22]. Vielen Versuchen, Vertrauen wieder herzustellen, haftet der Makel der Trivialisierung an (Schmidt 2000).

Ist die Gegenseite kommunikativ unter Verdacht gestellt wird auch ehrliches Bemühen um Veränderung der Unternehmenskultur, schnelle Verbesserung der Mitarbeitermotivation und die Überarbeitungen des Pursuit of Happiness Approaches (Malik 2001) als destruktive Strategie bewertet und führt zu mehr Misstrauen und Skepsis.

Organisationen und Unternehmen können als Entscheidungs- und Kommunikationsgemeinschaften verstanden werden. Diese Gemeinschaften (Schmidt 2003, S. 13) brauchen Sinnorientierung in Form gemeinsamen Wissens um Anschlussfähigkeit zu sichern. Verlust an Vertrauen startet einen Prozess, der zu Misstrauen führt und letztlich in der Kündigung dieser Gemeinsamkeit endet. Auch wenn Organisationen und Unternehmen nicht wie Flaschen mit Vertrauen befüllbar sind, müssen Coaches, wollen sie nicht schon im Vorfeld scheitern, Ideen zur Förderung von Zuversicht und Vertrauen im Handwerkskoffer haben.

---

[21] Ein kluger Freund lehrte mich über die Fähigkeit des Handelns, dass man entweder Geld oder Zeit mitbringen müsse. Wer keines der beiden Güter bieten wolle, käme zu keinerlei erfolgreichen Abschlüssen.
[22] Wir tragen passende Kleidung um bei Akquisitionsgespräch für einen eventuellen Coachingauftrag Vertrauen erweckend wirken.

Leitideen aber keine Rezepte

Vertrauen zu gewähren ist eine individuelle, die eigene Interessenlage berührende Entscheidung. Auch verbale Vertrauensangebote erzeugen nicht zwangsläufig Vertrauen:
Beobachtbar ist ihre Folge, z.b. die Wahl für oder gegen einen zur Disposition stehenden Coach.
Am Ende eines ersten Sondierungsgesprächs bezüglich eines zukünftigen Coachings wäre es nutzlos und kontraproduktiv, dem potentiellen Kunden zu erklären, er könne dem angefragten Coach ruhig vertrauen. Vertrauen als tragendes Element der Beziehung zwischen Kunden und Coach zu etablieren kann nur über Vorleistungen erfolgen. Diese Vorleistung kann der Coach durch die folgende Abschlussvereinbarung zum Ausdruck bringen:

> Überdenken Sie in Ruhe Ihre Eindrücke, erörtern Sie diese bei Bedarf mit einer Person Ihres Vertrauens und treffen Sie danach Ihre Entscheidung!

Der Leser mag sich fragen, warum man sich mit Vertrauensaufbau beschäftigen soll, wenn dieses kostbare Gut sich ohnehin immer im Besitz des Gegenübers befindet. Trotz aller Skepsis hinsichtlich der Gestaltbarkeit gilt es, Interaktionsangebote zu benennen, denen man Kraft zur Vertrauensbildung zuschreibt. Es sei ausdrücklich betont und wiederholt: Kausalitäten sind nicht zu erwarten, nur Wahrscheinlichkeiten lassen sich verbessern. Die Entscheidung, Vertrauen zu gewähren oder dies nicht zu tun, ist mit Erwartungen und Zuschreibungen verknüpft.

Die Auskunft eines Polizisten erscheint uns zunächst vertrauenswürdiger als die Auskunft von jemand, den wir für zwielichtig halten. Ob die einzelnen Schritte dann zum gewünschten Resultat führen, kann nur durch *Trial and Error* festgestellt werden. Dies bedeutet: ob die Anfangsoperation (*ich vertraue dem Polizisten*) Vertrauenskonsolidierung zur Folge hat, hängt von weiteren Kommunikationen ab. Wir haben, um nicht in Handlungsunfähigkeit zu verfallen, keine andere Wahl als *so zu tun als ob* Ziel führende Gestaltung möglich wäre. Professionelle Kommunikation bedeutet, wenn möglich Paradoxien und Voraussetzungslasten zu reduzieren und dort, wo es nicht möglich ist, trotz Paradoxien handlungsfähig bleiben. Viele der Interaktionsstrategien finden sich in Zusammenhang mit Kooperationsforschung wieder (Deissler, Keller et al. 1996; Axelrod 1984; Zwingmann, Schwertl et al. 1998; Deissler, Gergen 2004).

Widerspruchsfähig sein

Ohne Mühe kann man in den letzten zehn Jahren eine Neudefinition von dem, was Dienstleistungsnehmer sind und wie sie genannt werden, feststellen. Systemische Praxismodelle haben hierbei eine Vorreiterfunktion erfüllt. Mit dieser Entwicklung geht eine radikale Änderung der Kontraktgestaltung einher. Der zu schließende Vertrag unterstellt die Existenz zweier gleichwertiger Partner, die über eine Dienstleistung verhandeln. Von vertikalen Vorstellungen (z.B. Hilfesuchender und Hilfegebender, Arzt und Patient) wird auf ein deutlich horizontales Partnerschaftsmodell umgestellt. Dies bedeutet, dass in der Vertragsgestaltung und damit auch im Aufbau von Vertrauen sich deutliche Veränderungen ergeben. Der alle Konditionen diktierende Wohltäter z.B. in Form des Arztes ist ein Auslaufmodell, er wandelt sich – wenn auch mit Mühe – zu einem vertraglich orientierten Dienstleister. Von diesem Wandel sind alle mit Helferideologien behafteten Berufe betroffen. Coaching als eine im System Wirtschaft angesiedelte Dienstleistung ist davon weniger berührt, aber sehr viele Coaches bringen, durch ihre berufliche Biographie, Helferideologien mit.

Unter dem Einfluss der Theorien selbstreferentieller Systeme wurde die Rollenausformung der Berater und Coaches zum Teil ins Gegenteil verkehrt. Jede Spur des bestimmenden Experten meidend versuchen sich Berater konturenlos und unsichtbar zu stellen und alle Fähigkeiten beim Kunden anzusiedeln (Hargens 1993). Beratungsfehler und misslungene Coachingprozesse liegen dann nicht mehr in der Verantwortung der Experten. Sie werden der kognitiven Autonomie, d.h. der Konstruktionsbedingtheit der Kunden zugerechnet. Der Berater ist nicht mehr widerspruchsfähig. Widerspruchsfähigkeit bedeutet (sehr verkürzt!), dass Lernen, d.h. Weiterentwicklung der eigenen Ideen, aus Widersprüchen erfolgt, mit denen man sich auseinandersetzen muss. Wird ein solcher Widerspruch durch nicht widerspruchsfähige Aussagen[23] vermieden, ist Lernen nicht möglich (Häder et al. 2000). Kunden können hinter grenzenlosem Verstehen routinehaftes kühles Herunterbeten von Verstehensformeln vermuten und in Folge Skepsis und nicht Zuversicht entwickeln. Allzu große Güte, übertriebene Zuschreibung von Fähigkeiten bringt Kunden schnell dazu, Ernsthaftigkeit anzuzweifeln bzw. unglaubhafte Strategien dahinter zu vermuten. Diese Art von Beziehungsgestaltung ist ebenso vertikal von oben nach unten gerichtet, wie dominantes, keinen Widerspruch duldendes Expertentum. Die angebotenen Werte, vorgetragen von gutwilligen Experten, denen man kaum widersprechen kann, sind oft Ausdruck sozialer Beutezüge. Hier wird dann kein Land sondern Denken kolonialisiert. Der *von Sünde erlösende Missionar* in Form des großen Verstehenden macht soziale Beute. Lynn Hoffman (Hoffmann 1996) nennt dies den Kolonialismus der helfenden Berufe. Die Rücknahme des Expertentums zugunsten einer mit Missionarseifer vorgetragenen *Kundigkeit der Kunden* (Hargens 1993) wurde zur Ideologie erhoben. Abgesichert als *Political Correctness* wird sie als systemisch deklariert. Die Verhandlungen über den zu schließenden Vertrag kann man aber nicht umgehen, indem man sich hinter Kundenkompetenz des Dienstleistungsnehmers versteckt. Auch eine solche Strategie schafft letztlich asymmetrische Verhandlungsvoraussetzungen! Warum soll die Negation des Expertentums, die in sich wieder eine Betonung eines wenn auch anderen Expertentyps beinhaltet, zu mehr Vertrauen führen? Vertrauen baut sich, wenn überhaupt, in Interaktionen auf. Wird diese Interaktionsabfolge durch extreme Rücknahme des Experten konzipiert, entsteht Verwirrung und in Folge Asymmetrie. Der Kunde ist irritiert, dass der zu bezahlende

---

[23] Nicht widerspruchsfähige Aussagen sind Allgemeinplätze, die argumentativ nicht attackierbar sind. Z.B. kann der Behauptung: V*or anderen Menschen Respekt zu haben ist gut!* kaum widersprochen werden.

Experte seine Expertise versteckt und der Experte freut sich über die Irritation und nennt dies Intervention.

Zusätzlich gibt es eine große Anzahl an Beratungs- oder Managementleistungen, die ausdrücklich auf stabiler Expertise beruhen und so von Kunden auch gewünscht sind. Dies dem Kunden strategisch zu verweigern bietet gerade das nicht, was es verspricht, nämlich Kundenorientierung.

Spieltheoretische Überlegungen zeigen sehr deutlich, dass wir etwas über die Mitspieler wissen müssen, damit wir Zuversicht oder Vertrauen aufbauen können (Axelrod 1984). Bleibt der Mitspieler (mit seinem Denken) im Dunkeln, d.h. in nicht widerspruchsfähigen Behauptungen hängen, wird dies nicht gelingen. Kommunikanten mit grenzenlosem Verstehen führen meistens Übles im Schilde. Wer alles bejaht kann auch alles verneinen. Alles wird gleichzeitig richtig und falsch. Risiko, Widerspruch, Zweifel, Irritation und Lügen sowie das Gegenteil sind gegeben oder auch nicht.

> Widerspruchsfähig zu sein, gibt Auskunft über die wirkenden Setzungen, fördert Orientierung, gibt Sicherheit und erleichtert Vertrauensaufbau.

Die Perspektive der Kunden einnehmen

Förderung von Vertrauensaufbau beginnt mit dem konsequenten Versuch, von den Interessen des Kunden aus zu denken. Dies bedeutet, die Startoperation nicht bei sich (*Ich denke, mein Kunde braucht ...*) sondern beim Kunden zu beginnen (*Der Kunde sagt, ...*).

Dies klingt zunächst wenig spektakulär und kaum neu. Die Ratgeberliteratur ist voll von solchen Rezepten. Die Umsetzung ist jedoch mit erheblicher Relativierung der eigenen Bedeutung verbunden. Es bedeutet nicht mehr und nicht weniger als dass die eigenen Präferenzen nach hinten gestellt werden. Dies mag für verschiedene Beratungsleistungen eine

Banalität sein, wird aber immer dann schwierig, wenn der Kunde die Erwartungen der Berater nicht bedient und sich in Folge anders verhält. Beziehen sich solche Unterschiede auf fachliche Detailfragen, mögen diese mit einer gewissen Toleranz des Coaches überbrückbar sein. Berührt es zentrale Bestimmungsstücke des Coachings, können die Differenzen unüberbrückbar werden. Hier prallen dann zwei widersprüchliche Konzeptionen aufeinander.

Etwas spitz könnte man formulieren: Kundenorientierung greift den Anspruch an, der Verantwortliche des Prozesses zu sein. Widersprechen sich diese Vorstellungen, müssen sie zielorientiert ausgehandelt werden und zu einem tragfähigen Gemeinsamen gefügt werden. Gelingt dies nicht, gilt es Abstand zu nehmen (siehe zweiter Teil 6. Wenn der Coach vom Hof gejagt wird)

Die Perspektive des Kunden einnehmen heißt, seine Interessen, seine Haltungen zum Inhalt von Kommunikation zu machen. Es bedeutet keine blinde Gefolgschaft. Der Coachingprozess wird mit jenen Inhalten gefüllt, die Gegenstand des Vertrages sind. Erziehungsmanöver oder weltanschauliche Bekehrungsversuche haben im Coachingprozess nichts verloren. Sie würden schnell als Vertragsverletzung erkannt und vom Kunden entsprechend mit Vertrauensentzug beantwortet werden

> Die Perspektive des Kunden einnehmen, bedeutet die Interessen des Kunden und seine Erwartungen ernst zu nehmen. Hierzu kann auch gehören, widerspruchsfähig zu sein, bei Bedarf auf einen Auftrag zu verzichten oder sich auf mühselige Verhandlungen einzulassen. Billige Verständnissuren sind durchsichtig, haben den Geruch von Beutezügen und gefährden Vertrauen.

Vertragstreu sein

Zwischen Beratern und ihren Kunden werden Verträge geschlossen. Diese Verträge haben eine juristische Ebene und eine soziale d.h. kommunikative Dimension. Die juristische Seite bezieht sich auf eine formale Absicherung und das damit verbundene Vertragsmanagement. Die Kommunikationsebene bezieht sich auf Zuversicht und Vertrauen. Begriffe wie Wort halten, Ehrenwort, Wortbrüchigkeit sind Ausdruck davon. Vertragsverhältnisse, deren Absicherung oder Durchsetzung nicht bei Juristen liegt (z.B. direkter Warentausch oder Vertragsverhältnisse in der Illegalität) basieren traditionell auf Kommunikationsakten.[24] Der Kauf auf einem Flohmarkt oder Schwarzhandel seien als Beispiele erwähnt. Förderung von Vertrauen ist dann Vertragsgestaltung und damit Form und nicht Inhalt von Beratungsleistungen. Beratungsverträge sind im juristischen Sinne kaum absicherbar. Sie sind de facto kaum justiziabel. Soweit grobe Kunstfehler (Schwertl 2000 c) vermieden werden, würde sich die Beweisführung für einen klagenden Kunden sehr kompliziert und hoch risikohaft gestalten. Das Vertragswerk basiert daher weitgehend auf Einhaltung von Absprachen und Erwartungen. Es ähnelt einem Pferdehändlervertrag, in dem die erzielte Abstimmung und nicht die justiziable Beklagbarkeit die Norm setzt. Weder das Justizsystem, noch das Expertentum des Coaches, sondern das gemeinsame Wissen über den Prozess, die getroffenen Vereinbarungen und die Form der Gültigkeit des Aushandelns sind bei Bedarf Schiedsrichter (Schmidt 2000).

Vertragstreue hat jedoch in einem Coachingprozess noch eine andere Bedeutung. Die Inhalte des Prozesses bewegen sich thematisch zwischen mehr persönlichen Merkmalen (z.B. Umgang mit Ärger) und der Bewältigung von Sachaufgaben (z.B. Erbringung von Führungsleistungen). Diese breite thematische Spanne ist ein konstituierendes Merkmal von Coachingprozessen. Eine Überschreitung der Grenzen würde auf der einen Seite in Bereiche therapeutischen Handelns und anderseits in die Übernahme von Managementfunktionen durch den Coach führen. Vertragstreue des Coaches heißt hier, die Einhaltung der Grenzen nicht nur zu garantieren sondern auch durchzusetzen.

---

[24] Das in der Alltagssprache anzutreffende Konstrukt der *Ganovenehre*

> Orientierung bietende Vertragstreue in den verschiedenen Dimensionen erlaubt es den Kunden, sich auf die Suche nach passenden Lösungen zu konzentrieren und die Prozessgestaltung dem Coach anzuvertrauen.

Vorsicht: Bedeutungsaufweichung

Berater operieren häufig mit Bedeutungsaufweichungen (Selvini Palazzoli, Boscolo et al. 1981). Ihre Kunst besteht darin, fest zementierte Bedeutungen und Zuschreibungen von Ereignissen ihrer Kunden aufzuweichen. Umdeutungen, positive Konnotationen, kurz Möglichkeiten anderen Bewertungen anzubieten, ist Teil des professionellen Know-how. Neue Sichtweisen werden möglich und Lösungen können gefunden werden. Leider geht Verunsicherung damit einher. Vertrauen wird belastet wenn alte Sichtweisen in Frage gestellt werden. Dies in Kauf zu nehmen ist sicher häufig notwendig, es ist der Preis für die Etablierung neuer Entwicklungen, aber an dieser Stelle gilt es eine Einschränkung zu formulieren. Elemente der Vertragsgestaltung, Interventionen zur Prozesssteuerungen und jene Aspekte, die Standfestigkeit verlangen, vertragen nur wenige Relativierungen. Relativierungen müssen zwingend dem Inhalt des Beratungsprozesses vorbehalten bleiben. In der Organisation des Prozesses gilt es Klarheit, Eindeutigkeit und damit Berechenbarkeit anzubieten. Mit anderen Worten: Berater müssen zwei verschiedene Sprachen sprechen (Schwertl 2001). Die Sprache der Vertragsgestaltung und ihrer Nachsteuerungen müssen Zweideutigkeit und Aufweichungen vermeiden.

Jene Teile, die Reflexionen der vereinbarten Themen zum Inhalt haben, erlauben Aufweichungen, Relativierungen und andere Interventionstechniken.

Vertrauen, wenn es die Zeichen erlauben

Kooperation und Vertrauen werden häufig in engstem Zusammenhang genannt. Oft bleibt jedoch unklar, ob Vertrauen ein Ergebnis von Kooperation oder dessen Bedingung ist. Eine minimale Ausprägung von Kooperationen und Vertrauen in genau diese Kooperationen ist unverzichtbar, damit soziales Handeln überhaupt möglich wird[25]. An irgendeiner Stelle müssen wir die Relativierungen beenden, einstweilig gültige Markierungen setzen und uns daran messen lassen. Im täglichen Handeln (dies ist von Reflexionen desselben zu unterscheiden) haben wir keine Alternative. Wir kommen grundsätzlich über Trial und Error nicht hinaus. Wir müssen *so tun als ob* wir die Zeichen der Interaktionsprozesse valide lesen könnten. Es gilt t sicherzustellen, dass die Zeichen zur Verfügung stehen (z.B. Regeln), dass diese gelesen werden und die Anderen erfahren, dass man das Regelwerk kennt. Des Weiteren ist (ohne Drohgebärden!) klar zu kommunizieren, dass Vertrauen als absolut unverzichtbares Gut angesehen wird. Nur indem auf Vertrauen bestanden wird, können Andere mit Zuversicht davon ausgehen, dass genau dies die ihm gebührende Rolle spielt.

Dies wirkt auf den ersten Blick widersprüchlich zur Aussage Vertrauen wäre nicht einklagbar. Zur Verdeutlichung: Wenn Vertrauen ein konstituierendes Merkmal erfolgreicher Coachingprozesse darstellt, aber nicht kommunikativ herbeigelockt werden kann, gibt es die Möglichkeit des Rückzuges durch den Coach. Wenn die Zuversicht und das Vertrauen unserer Kunden wichtig sind, gilt es dies intern zu verdeutlichen und kompromisslos darauf zu bestehen. Wer bei diesem Teil des Aushandelns nicht gesehen wird, bleibt hinsichtlich der Frage im Dunkeln, wieviel Wert er Zuversicht und Vertrauen beimisst.

Einmal gedreht lautet die Empfehlung für Kunden:

---

[25] Hierfür wird häufig der folgende Allgemeinplatz angeführt: Eine Gesellschaft an Räubern und Mördern kann es nur geben, wenn diese sich untereinander mindestens des Raubens und Mordens enthalten. Adam, S. (1977). <u>Theorie der ethischen Gefühle</u>. Hamburg, Eckstein Walther.

> Vertraue keinem Coach, der nicht auf Vertrauen und Zuversicht setzt!

Entscheidungen – Verantwortungen

Vertrauen ist besonders dann gefährdet, wenn der Interaktionspartner eine Entscheidung trifft, die keine Zustimmung findet. Jede Entscheidung hätte auch anders getroffen werden können. Das berühmte *ich konnte nicht anders* bedeutet in der Regel: Es entsprach meinen Interessen mich so zu entscheiden, ich hätte mich auch anders entscheiden können. Dem vielleicht berechtigten philosophischen und systemtheoretischen Zweifeln zum Trotze: Als Praktiker müssen wir handeln und die fiktive Annahme, wir seien Herr unserer Entscheidungen ist für uns alternativlos. Jede Begründung, ob sie Sachzwang oder rational ökonomische Notwendigkeit heißt oder dem Vokabular vulgärer Entschuldigungspsychologie entnommen wurde, endet dort, wo sie Verantwortung delegiert. Konventionen mögen es sinnvoll erscheinen lassen, Entscheidungen mit einem Begründungszusammenhang zu versehen. Dies mag erhellend wirken und Nachvollziehbarkeit erhöhen, aber es darf nicht an der Verantwortlichkeit rütteln, will man kein Vertrauen verlieren. Selbst wenn wir auf die Tiefe unseres Unbewussten, die Macht der Sterne oder andere metaphysische Kräfte referieren würden, bleibt es unsere Entscheidung und damit bleiben wir in Haftung. Die deutsche Sprache ist hier eindeutig. Es heißt: ich habe mich entschieden und nicht ich wurde entschieden. Vertrauen lässt sich nicht befehlen, organisieren oder herbeireden.

Ähnlich wie Anerkennung, Respekt, Liebe kann man sich Vertrauen durch den Kommunikationspartner wünschen, aber den ersten Schritt kann man nur selbst tun. Wird dieses Angebot angenommen, d.h. wiederum durch Vertrauen beantwortet, so gilt es dies zu erhalten. Wird das Angebot nicht entsprechend gewürdigt, gilt es daraus zu lernen und vorsichtig zu werden. Ähnlich wie bei Risiko – Dialogen (Königswieser 1996) oder Konfliktmanagement gilt es, den Prozess nicht abreißen zu lassen. Die Anwendung der bekannten Diplomatenregel, das Trennende nicht zum Inhalt von Kommunikation werden zu lassen, aber den Dialog zu erhalten, bedeutet, sich die Chance zum Aufbau von Vertrauen zu erhalten. Dies ist eine Chance, aber keine Gewissheit. Die Kooperationsregel, dass die Wahrscheinlichkeit mit der Dialogdauer steigt, gilt auch hier. Sich verbal oder implizit darüber zu einigen, dass man den Zustand der Uneinigkeit respektiert, aber den Dialog nicht abbricht, kann zunächst als einzig möglicher Schritt hilfreich dabei sein. Voraussetzung hierfür ist allerdings die nötige innere Distanz zum Inhalt und das notwendige Maß an kommunikativer Kompetenz.

Eine notwendige Ergänzung

Zuversicht und Vertrauen wurden, soweit wie möglich, als moralarme Begriffe entwickelt. Es gilt ihre Bedeutung für Kommunikationsabläufe zu verdeutlichen. Vertrauen wird von einem Beobachter meistens zeitlich begrenzt gewährt. Diese seine Entscheidung und das damit verbundene Risiko ist auch durch ethische Forderungen nicht manipulierbar. Eine mit Ethik begründete Forderung nach Bereitstellung von Kooperation stellt den Vertrauen verweigernden Kommunikanten ins Unrecht und es darf bezweifelt werden, dass dieser in Folge Vertrauen anbietet. Wittgenstein (1918) geht in seinem ersten philosophischen Entwurf, dem *Tractatus logico-philosophicus* davon aus, *„dass sich die Ethik nicht aussprechen lässt"* (Satz 6.421), da Ethik aus Bewertungen besteht, schildert sie nicht, *„was der Fall ist"*. Dies aber sei die Aufgabe der Sprache. Von Foerster (1993) greift dies auf und schlägt deshalb vor, Moral nur implizit zu handhaben. Sein Vorschlag läuft auf das Zurücknehmen der Unterscheidung von moralisch vs. unmoralisch hinaus. Vielleicht ist Moralität etwas, was wir für uns nicht selbst beanspruchen können, sondern etwas, das uns von anderen zuerkannt wird. Jedenfalls kann sie ein Stolperstein, ein Nährboden für den Zusammenbruch von Vertrauen sein. Moral ist im Coachingprozess durch ausgewiesene Professionalität zu ersetzen und dies bedeutet letztlich Regeln der Handhabung verbindlich und widerspruchsfähig festzulegen. Die Auseinandersetzung mit Theoremen wie

Zuversicht und Vertrauen im Rahmen von Beratungskommunikation und Coaching zielt auf Erhöhung der Professionalität.

> Wir fragen zu oft, was richtig ist und zu selten, was hilfreich ist.

2.3 Co-Produktion

Gastbeitrag[26] von Maria L. Staubach

Coaching, dessen Basis Beratungskommunikationen sind, lässt sich als ein Prozess zwischen mindestens zwei Aktanten beobachten. Da für das Gelingen des Prozesses die aktive Leistung des Kunden unabdingbar ist, wird dieser zum Mitbeteiligten am Erfolg des Geschehens. Der Verlauf bildet sich als ein Prozess von Co-Produktion ab, dessen professionelle Gestaltung in der Verantwortung des Coaches liegt und spezifische Fähigkeiten erfordert.

Mit den folgenden Ausführungen wird das Coaching Kompetenzmodell durch die *Ebene der Prozessbeschreibung* komplettiert. Dabei werden konsequenterweise Bezüge sichtbar zu den beiden weiteren, bereits vorgestellten, Ebenen des Modells. Die Bedeutung des komplementären Zusammenwirkens aller drei Ebenen kann gerade anhand der Ausarbeitungen zu diesem letzten Abschnitt des Kapitels beispielhaft sichtbar gemacht werden.

Auf diesem Hintergrund werden hier auch Anregungen zum Diskurs von Ausbildungsqualität vorgestellt, die nicht nur für das Subthema Co-Produktion Gültigkeit haben, sondern im Kontext des gesamten Kompetenzmodells zu sehen sind.

---

[26] Co-Produktion ist, durch meine ausführliche Beschäftigung mit der Thematik, zu einem beruflich sehr persönlichen Anliegen geworden. Zugleich repräsentiert es durch jahrelange, mit meinen Kollegen gemeinsam weiterentwickelte Beratungs- und Ausbildungskonzepte einen wesentlichen Bestandteil des Kompetenzmodells in den Qualifizierungscurricula von K3 Beratergruppe Frankfurt und ISTUP Frankfurt.

Coaching unter dem Fokus von Co-Produktion zu betrachten hat nicht nur Auswirkungen auf das Prozessgeschehen in der Beratungspraxis des Coaches. Diese Betrachtensweise beeinflusst nicht unwesentlich den Status des Coaches als Experte und stellt darüber hinaus spezifische Anforderungen an die Qualität von Coachingausbildung.

Anforderungen an das Praxisfeld

Coaching impliziert immer das Aufeinandertreffen von Interessensparteien: dem Kunden, der nach einer spezifischen Beratungsleistung anfragt, und dem Coach, der sie anbietet. Es ist ein Charakteristikum dieses Zusammentreffens, dass beginnend mit der Anfrage des Coachee eine Relation zwischen beiden Aktanten entsteht, die von Wünschen, Angeboten, Rückmeldungen, Verhandlungen, Absprachen und Vereinbarungen geprägt ist. Der Kunde stellt in der Regel ein sehr eigenes Anliegen vor, das aus seinen Augen betrachtet, Handlungsbedarf skizziert und zugleich mit Vorstellungen zu einem gewünschten Ergebnis verknüpft ist. Dennoch gibt er sein Thema damit keineswegs frei; er gibt es auch nicht zur *Fremdbearbeitung* aus der Hand. Der Kunde fragt den Coach um *Mit-Wirkung* bei seinem spezifischen Bedarf. Mit seinem ersten Angebot richtet sich der Coach unmittelbar an der Anfrage des Kunden aus. Gemeinsam produzieren sie ein erstes einstweiliges Ergebnis durch aufeinander bezogene Kommunikationsschritte. Die Sorgfalt, die dieser sensiblen, Weichen stellenden Startoperation durch den Coach beigemessen wird, um die Klärung des Auftrages aus den Anliegen von ihm und seinem Kunden zu gestalten (siehe: 3. Von Anliegen und Aufträgen), entscheidet wesentlich über die Chance Vertrauen aufbauen und erhalten zu können (siehe Aufbau und Erhalt von Vertrauen). Damit kann ein bedeutender Grundstein gelegt werden für den weiteren erfolgreichen Prozessverlauf (Schmidt 2000, Schwertl 2005).

Erfolg wird sich im Laufe des Prozesses immer wieder dann einstellen, wenn der Coach sich genau an den getroffen Vereinbarungen ausrichtet. Er benötigt Zugang zu relevanten Informationen, um seine Leistung passgenau formen zu können. Coach und Coachee arbeiten in einem *co-produktiven Prozess*, mit verteilten Aufgaben, Rollen und Verantwortungen auf ein gemeinsam vereinbartes Ergebnis hin.

Um diesen reflexiv aufeinander bezogenen Prozess einerseits vor Abbruch zu schützen und andererseits die Entwicklung von Vertrauen nicht zu gefährden, benötigt der Coach entsprechendes Handwerkzeug; er benötigt kommunikative Kompetenzen (siehe Kommunikative Kompetenzen).

Erfolgreiches Coaching wird in seinem Verlauf geprägt von den Fähigkeiten des Coaches, die hierfür relevanten Kommunikationen zu gestalten und zu steuern. Diese Leistungen gehören in sein Repertoire, stehen in seiner Verantwortung. Die benötigten relevanten Informationen aus der Perspektive des Kunden können dagegen nicht durch den Coach vorgetragen werden. Sie müssen aus der Hand des Kunden erfolgen. Für den Coach ist die Position des *Nicht-Wissens* bezüglich der Lage seines Gegenüber eine nicht zu unterschätzende Voraussetzung, um sich auf den Coachee und dessen Umfeld einlassen zu können. Für diesen Part kann der Coach *nicht* der Experte sein. Hier verfügt nur der Kunde über Expertise. Nur in enger Abstimmung mit ihm kann der Coach sein Angebot erstellen, die gewünschten Veränderungen vorschlagen und unterstützen.

Co-Produktion heißt: aktive Beteiligung des Kunden am Gelingen des Prozesses. In dem Maße, in dem dieser Einfluss auf eine erfolgreiche Zielerreichung als unabdingbar erachtet wird, muss dem Kunden auch Anteil am Expertenstatus gewährt werden. Für den Coach kann das nur bedeuten, den alleinigen Expertenanspruch aufzugeben und eine Neuverteilung unter Einbeziehung des Kunden zu ermöglichen.

Beide haben unterschiedliche Rollenausprägungen und komplementäre gegenseitige Rollenerwartungen. Genau diese Differenz erlaubt es dem Coach, *seine* Expertise zu erhalten, ohne den Kunden zum Objekt zu machen. Ausschließlich den Kunden mit der Expertenrolle zu belasten, würde letztendlich entweder zur Selbstauflösung des Coaches führen oder es bliebe eine theoretische Position, ohne Einfluss auf die Praxis. Die

Rollendifferenz befreit somit keineswegs vom Expertenstatus; sie *relationiert* ihn lediglich.

In diesem Sinne beinhaltet erfolgreiches Coaching die Chance, sowohl auf die Qualität des Beratungsergebnisses als auch auf die Qualität des Prozessverlaufs selbst Einfluss zu nehmen.

In der Fokussierung auf Kommunikationen im Coachingprozess[27] gilt es, mit zu reflektieren, dass alle Erfolgwahrscheinlichkeit einem nicht zu unterschätzenden Risiko unterliegt. Es bleibt bei aller Sorgfalt in Vorbereitung, direkter Beratungsleistung am Kunden, Reflexion und Evaluation ein extrem sensibles, leicht zu irritierendes Unterfangen. S.J. Schmidt (2000 & 2003) sieht vor allem in unerkannten bzw. unbearbeiteten Differenzen *die* grundlegende Gefahr für Kommunikationserfolg schlechthin. Nur durch den Einsatz spezifischer Kompetenzen ist diese Gefahr abwendbar, kann demzufolge Risiko im Kommunikationsprozess Coaching reduziert werden.

Niklas Luhmann (1984 & 2000) charakterisiert erfolgreiche Kommunikation als Kommunikation, die erfolgt. Hier wird Kommunikation unter dem Aspekt von Anschlussfähigkeit betrachtet. Ein Kommunikationsakt regt einen weiteren an, regt dazu an fortgesetzt zu werden. Die Abfolge von Kommunikationsbeiträgen bleibt damit in ihrem Verlauf erhalten. Ein Kommunikationsbeitrag führt nicht zur Unterbrechung der *Kette*, führt nicht zu ihrem Abbruch. Für den Coach lassen sich hieraus Anforderungen ableiten, die an seine Kompetenzausstattung adressiert sind.

Was heißt jedoch in diesem Kontext Kommunikationserfolg? Was bedeutet Erfolg angesichts von Kontingenz und Autonomie? Wir haben es hier mit jenen Themen zu tun, denen sich der Praxisexperte mit einem systemtheoretischen Denkansatz stellen muss (Schiepek 1991).

Wie kann demnach Kommunikationserfolg erzielt werden? Wie kann er gar verbessert werden? Welche Möglichkeiten zeichnen sich ab, den Coachingablauf zu optimieren? Wie lassen sich bereits etablierte

---

[27] In gleicher Weise trifft dies für auch auf andere Formen von Prozessberatung zu.

Methoden systemischer Beratungspraxis passend ergänzen und weiterentwickeln?

Abbildung 3: Erfolgreiche Beratungskommunikation

Coaching lässt sich vor allem nicht ohne Dissens zwischen den Aktanten (Schmidt 2000), den Akteuren des Geschehens denken; denn Kommunikation, die grundlegende Operation im Coaching, generiert Differenz. Zugleich ist es das beständige Anliegen des Coaches, Wege zu finden, um die Annahmewahrscheinlichkeit seiner Kommunikationsofferten an den Kunden zu erhöhen und um den aufeinander bezogenen Prozess aufrecht zu erhalten. Erfolg heißt hier vor allem: Verhandlungsführung zu tragfähigen Abstimmungen und Kompromissen.

Coaching hat – systemtheoretisch gesehen – einige nicht unerhebliche Probleme zu bewältigen. Auch wenn der Kunde seinen Wunsch nach einem erfolgreichen Ergebnis formuliert, so bleiben für den Coach noch immer offene Fragen bestehen. Die Interessenslage des Kunden, d.h. der Hintergrund seiner Veränderungswünsche, kann vom Coach bestenfalls interpretiert werden. Da beide nicht miteinander denken können (Schmidt 2000), bleiben Annahmen ein unbefriedigendes Ergebnis an Vermutungen, Erahnungen, freiem Interpretationsspiel. Jede dieser Spekulationen kann von dem Kunden zurückgewiesen werden, sagt sie doch mehr über das Denken des Coaches und seine Verrechnungslogik aus als über die Interessen und Wünsche seines Kunden.

Denken können die beiden Aktanten nicht miteinander. Sie können das Gedachte jedoch zum gemeinsamen Thema des Coachings, d.h. zum gemeinsamen Thema von Kommunikation machen.

Praktiker wissen, dass ein zu schnelles Verstehen der Lage des Kunden und das darauf aufbauende zu voreilige Rat geben mit hohem Risiko belegt ist. In der Regel führt es eher zu Misserfolgen denn zu einer nachhaltigen, vom Kunden akzeptierten und von ihm selbst zu verantwortenden Veränderung.

Was also ist zu tun? Wie kann der Coach dieser Falle entkommen? Wie kann es ihm gelingen, seine persönlichen Anschauungen nicht zum Maß der Dinge werden zu lassen?

Gelingt es ihm, offen zu sein gegenüber der Logik des Kundenanliegens, bietet sich dem Coach Einsicht in die Sichtweisen, Erklärungs- und Denkansätze seines Gegenübers. Sie sind es, die von Relevanz für den Coachingprozess sind. Sie gilt es demzufolge zu erfragen und herauszuarbeiten, d.h. sie kommunikabel zu machen und kommunikabel zu halten. Durch Kommunikation erschließt der Coach das Denken des Kunden.

Denkweisen, Interessenslagen und Nutzungsmodalitäten des Kunden werden zu Themen des Dialogs. Damit werden sie fassbar und verhandelbar. Sie können hinterfragt und abgewogen werden, ihre Nützlichkeit kann geprüft und mögliche Alternativen können erörtert werden. Der Kunde kann Angebote zurückweisen, die ihm unpassend erscheinen. Er kann sich gegen Interpretationen verwehren, die für ihn unstimmig sind. Er kann Lösungsvorschläge auf ihre Passgenauigkeit für seinen eigenen Bedarf prüfen.

Dem Beobachter der Beratungskommunikationen zeigen sich Szenen eines co-produzierendes Vorgehens, in denen Dialoge des Verhandelns und Aushandelns wirksam werden. Möglichkeiten *und* Grenzen des Handelns werden sichtbar.

Zugleich ist leicht nachvollziehbar, dass in einem solchen Gesprächsverlauf jederzeit Differenzen auftreten können. Dissens (Schwertl & Staubach 1999) ist unbedingt in diesem Geschehen mitzudenken; er ist ihm immanent. Kommunikationserfolg heißt nicht, dass ein schneller Konsens herbeizuführen ist; denn sowohl die Annahme als auch die Ablehnung eines Vorschlages, einer Interpretation, einer Bewertung sind in gleicher Weise möglich.

Dies birgt immer sowohl Risiko als auch Anschlussfähigkeit für die Kommunikationen zwischen Coach und Coachee. Entscheidend bleibt dabei, inwieweit es dem Coach gelingt, einen Kommunikationsabbruch zu verhindern. Es muss nicht der auftretende Dissens sein (Zwingmann, Schwertl, Staubach & Emlein 2000), der dazu führt. Ganz im Gegenteil: Differenzen sind zwar extrem bedrohlich für Kommunikationserfolg, jedoch nur dann, wenn sie nicht erkannt und verhandelt werden.

Gerade durch Differenzen präsentieren sich wertvolle Informationen. Das Sichtbarmachen von Differenz beinhaltet eine bedeutende Ressource zur Erweiterung von Handlungsoptionen. Immer muss jedoch vorausgesetzt werden, dass der Coach über entsprechende Kompetenzen verfügt, die die Überzeugungen des Kunden herauszuarbeiten vermögen. Diese sollen der Maßstab des Handelns sein.

Die hier skizzierten Themen, einerseits von *Autonomie* (der Kunde entscheidet aufgrund eigener Referenzsysteme über die Annahme eines Angebotes) und andererseits von *Kontingenz* (der Kunde kann sowohl in erwarteter als auch in nicht erwarteter Weise, also ganz anders auf das Angebot des Coaches reagieren) sind für Kommunikation hoch risikohaft und führen allzu leicht zu Misserfolgen.

Um diesen Dilemmata hilfreich im Sinne des Kunden begegnen zu können, gilt es, die hieraus resultierenden Anforderungen an die Qualität des Coachingprozesses zu berücksichtigen und in Konsequenz eine kritische Prüfung des Vorgehens des Coaches vorzunehmen.

Gefragt ist vor allem der konstruktive Umgang in einer sich oft widersprüchlich darstellenden Situation. Der Coach kann nur hilfreich sein, wenn er es vermag, dem Kunden einerseits etwas Neues anzubieten und zugleich sich an dessen Logik von Nützlichkeit zu orientieren, sich also nicht zu weit von dessen Ansichten zu entfernen. Zugleich wird kein

Kunde einen Coach aufsuchen, wenn dieser ihn lediglich und ausschließlich in seinem bisherigen Handeln bestätigt.

Durch kooperative, verhandelnde Kommunikationen können Coach und Coachee als Co-Produzenten Handlungsoptionen und deren Konsequenzen erörtern und damit zu Risiko abgewogenen, einschätzbaren Einscheidungen gelangen.

Prozessgestaltung und die Kompetenzen des Coaches

Wenn angenommen werden muss, dass das Zusammenwirken zwischen Kunde und Coach im Sinne von Co-Produktion erfolgreich den Weg aus den benannten Dilemmata aufzuzeigen vermag, ist zu erwarten, dass Beratungsprozesse unter dieser Annahme wesentlich genauer beschrieben werden können als durch jene Ansätze, die auf Subjekt-Objekt-Modelle referieren.

Um dem Rechnung tragen zu können, bedarf es vor allem einer angemessenen Qualifizierung des Coaches, sind es doch seine Kompetenzen, die grundlegend über die Gestaltung und Steuerung des Beratungsprozesses entscheiden und somit Qualität bestimmen.

Dieser Überlegung nachgehend greift die Studie Relationiertes Expertentum (Staubach 2006, 2007) die Thematik der Beraterkompetenzen auf und untersucht ein Set an Kompetenzen, das in jahrelanger Beraterpraxis als relevant für den erfolgreichen Verlauf des Beratungs- bzw. Coachingprozesses beobachtet werden konnte. Im Folgenden werden sie kurz skizziert.

Die identifizierten Fähigkeiten wurden vier unterschiedlichen Feldern zugeordnet. Die Einteilung in vier Kategorien erlaubt einerseits eine strukturierte Ausdifferenzierung und lässt zugleich auch die Fokussierung auf jeweils eine Einheit zu, ohne die anderen Felder außer Acht zu lassen. Durch die Zuordnungen wird die Gesamtheit der Kompetenzen überschaubar und handhabbar. Komplexität wird reduziert. In der Beschreibung der vier Größen werden zu jedem einzelnen Feld Verbindungen zu den jeweils anderen sichtbar.

Abbildung 4: Kompetenzfelder von Co-Produktion

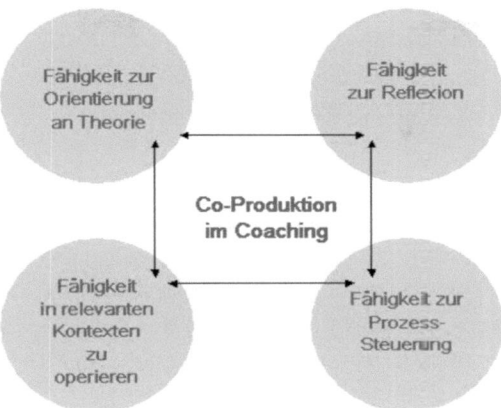

Parameter I: Die Fähigkeit zur Orientierung an Theorie

Coachingkunden erwarten ein erfolgreiches Ergebnis durch die angebotene Dienstleistung, d.h. sie können zu Recht davon ausgehen, dass die eingesetzten Methoden des Beraters bzw. des Coaches qualitativ hochwirksam sind.

Exakt hierzu benötigt der Coach Wissen zur nachhaltigen Wirksamkeit seines Handelns im Sinne des Kunden. Grawe, Donati & Bernauer fordern bereits 1994 zum Umdenken in der professionellen Haltung von Beratern[28] auf und lenken den Blick auf Offenheit und Bereitschaft bezüglich wirksamerer Methoden als die von dem Berater bisher bereits eingesetzten.

Wissen zur Wirksamkeit und Verbesserung von Beratungs- bzw. Coachingmethoden setzt die grundlegende Bereitschaft voraus, sich an Theorie, d.h. an Wissenschaft zu orientieren. Sie bietet eine Ressource zur

---

[28] Die hier markierten Ausführungen von Grawe et al. (1994) erlauben den Transfer zu (Prozess-)Beratung im Allgemeinen und damit zu den Dienstleistungen wie unter Abb.1 aufgeführt.

Abgrenzung gegenüber Ideologien und Weltanschauungen und ermöglicht die Absicherung, Systematisierung und Legitimation von Praxis[29].

Parameter II: Die Fähigkeit zur Reflexion

Coaches sind bei allem Wissen, das ihnen aus Studium, Weiterbildung und Praxiserfahrung zur Verfügung steht, in der direkten Begegnung mit dem Kunden in ihrem unmittelbaren Handeln auf den Mut zum Versuch und den damit verbundenen möglichen Irrtum angewiesen. Eben diese Situation repräsentiert sich fortlaufend in Coachingprozessen. Dieses nicht-triviale Kommunikationssystem (von Foerster 1985)[30] stellt höchste Anforderungen an die Steuerungskompetenzen des Coaches. Zugleich wäre Nicht-Handeln zur Vermeidung von Fehlentscheidungen eine unerträgliche Perspektive für den Coach (Schwertl 1992). Strukturierte, systematisierte Überprüfung (Reiter & Steiner 1996)[31] nach dem Coaching und Nachbesserung für das zukünftige Vorgehen sind die adäquaten, alternativlosen Instrumente, um Qualität zu erzeugen und zu erhalten.

Zugleich ist Kommunikation über Kommunikationen (Metakommunikation) besonderen Implikationen unterworfen, denn für den Berater ist Kommunikation sowohl *Arbeitsinstrument* als auch *Reflexionsinstrument*. Der Wechsel zwischen Handlungsebene und Metakommunikation stellt in professionellen Dialogen eine besondere Herausforderung an die Kommunikativen Kompetenzen des Beraters bzw. des Coaches dar.

Parameter III: Die Fähigkeit in relevanten Kontexten zu operieren

---

[29] Hier sei auf eine Reihe an fundierter Literatur zu Beratung und Coaching und auf relevante Studien in diesem Feld verwiesen.
[30] Heinz von Foerster unterscheidet zwischen trivialen und nicht-trivialen Maschinen; zwischen technischen und sozialen (Kommunikations-) Systemen.
[31] Die hier markierten Ausführungen von Reiter & Steiner (1996) erlauben den Transfer zu (Prozess-)Beratung im Allgemeinen und damit zu den Dienstleistungen wie unter Abb.1 aufgeführt.

Im co-produktiven Geschehen relevante Kontexte zu identifizieren und zu berücksichtigen befähigt zu einem adäquaten Umgang mit der allgegenwärtigen Komplexität der Kommunikationen im Coachingprozess. Erst das Erfassen und Bewerten der Variablen der Rahmung erlaubt dem Coach, eine Differenzierung für sein weiteres Handeln vorzunehmen und die daraus resultierenden passenden Entscheidungen zu fällen. Unterscheidungen sind zu treffen zwischen Bedingungen und einer durch den Kunden gewünschten Veränderung, möglicher noch nicht erfasster Spielräume für Veränderbarkeit und notwendiger Anpassung, Schutz und Erhalt der nicht zur Disposition stehenden Konditionen. Die Fähigkeit zur Erfassung von Ressourcenausstattung ermöglicht Vertrauen und reduziert Komplexität.

Ein erfolgreicher (= sorgfältiger) Umgang mit dem Kontext im Sinne einer organisierenden Größe bestimmt wesentlich über die Qualität der Auftragsentwicklung und die Wahl passgenauer Methoden und Instrumente und damit über die Güte des Vorgehens und des Ergebnisses. Erst durch das Erfassen und Markieren von Kontextregeln entsteht eine Basis für erfolgreiches Kommunizieren innerhalb des Kontextes.

Es macht einen Unterschied, für welche Leistungen der Berater bzw. Coach zur Verfügung steht, denn dieser Unterschied selektiert weitere signifikante *Unter*-Scheidungen. Sie führen letztlich zu den daraus folgenden *Ent*-Scheidungen, wie z.B. fortlaufend im Coachingprozess zu treffende Festlegungen oder der Differenzierung zwischen Coaching und therapeutischer Beratung.

Zur Gestaltung und Steuerung des Beratungsprozesses können in unterschiedlichen Beratungsformaten übergreifende systemische Methoden eingesetzt werden; Methoden also, die den Blick auf den Kommunikationsprozess und dessen Aktanten richten. Die Differenzierung zwischen den unterschiedlichen Formaten (s. dort) erfolgt anhand von Kontextzuordnung (Bateson 1983) und den damit verknüpften relevanten Bewertungen und Entscheidungen.

Parameter IV: Die Fähigkeit zur Prozess-Steuerung

Hier werden die Kompetenzen im Umgang mit spezifischen Techniken angesprochen, die geeignet sind, Co-Produktion anzuregen und zu erhalten. Techniken im Coachingprozess sind die konkreten, unmittelbaren Instrumente der Intervention. Es bietet sich ein ausdifferenziertes systemisches Handwerkszeug zur Befähigung in der Prozesssteuerung an. Die Techniken ermöglichen die Steuerung des Coachingverlaufs in der zeitlichen (u.a. Zeitfenster, Dauer, Taktung, Geschwindigkeit), der inhaltlichen (u.a. Fragetechniken, Hypothesen, Aufgaben, Ziele), der räumlichen (u.a. Ort, Raum) und der sozialen Dimension (u.a. Setting, Gruppenzusammenstellung).

Im Umgang mit den beschriebenen Dilemmata von Beratung sind sie jedoch nur dann tauglich, wenn sie im Kontext der bereits beschriebenen anderen Parameter reflektiert und an ihnen koorientiert eingesetzt werden.

Die der Beraterpraxis entnommenen Hinweise auf die beschriebenen vier Kompetenzfelder werden auf die Frage hin untersucht, inwieweit es sich um Zufallsprodukte aus beobachteter Praxis bzw. um Parameter handelt, die für die Herausbildung von Co-Produktion von Bedeutung sind.

Die Hypothese entwickelte sich aus folgender Überlegung: Wenn die Parameter von Signifikanz sein sollten, müssten sie sich in definiertem empirischen Material finden lassen. Die Prüfung der Hypothese erfolgte anhand Qualitativer Inhaltsanalyse auf der Grundlage ausgewählter Materialien aus

- Literatur: publizierte und als erfolgreich bewertete systemische Managementkonzepte
- Praxis: Dokumentationen erfolgreicher systemischer Qualifizierung

In Kürze zusammengefasst kann festgehalten werden, dass die Annahmen bestätigt werden konnten. Sowohl in den Datenquellen der ausgewählten Managementliteratur als auch in den selektierten Ausbildungsdokumenten lassen sich die vier Kompetenzfelder abbilden. Infolgedessen fließen sie in die Anforderungen ein, die an das Kompetenzprofil des Coachs zu stellen sind.

Beraterprofil Relationiertes Expertentum

Jede Überlegung zu Co-Produktion beginnt mit einer Einschränkung des Expertenstatus für den Coach, mit einer gegen den Trend laufenden Modellbildung von Kommunikation. Die genannte Einschränkung vollzieht sich durch die gegenseitige Bezugnahme der Kommunikationspartner: Coach und Coachee.

Abbildung 5: Beraterprofil

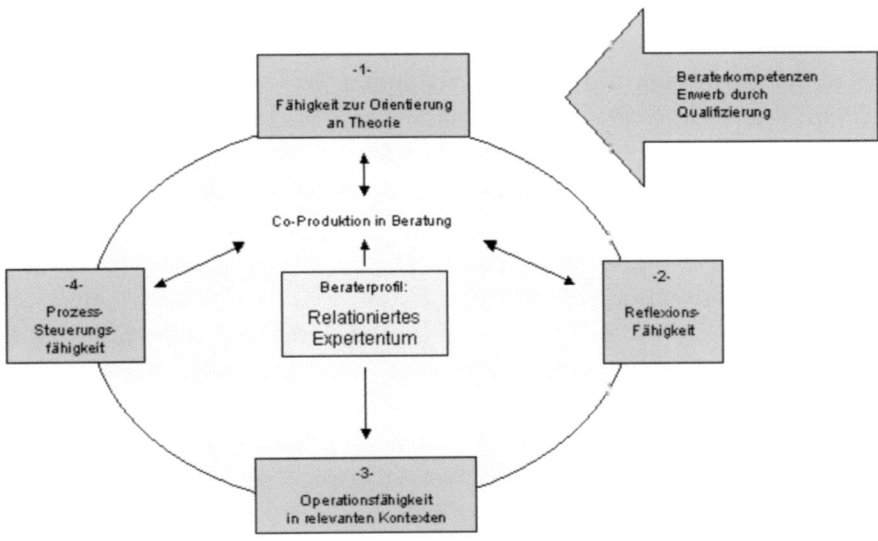

Der Experte im Prozess muss demzufolge neu definiert werden. Nicht mehr der charismatische, unendlich kluge, dominante Coach, dem es zu folgen gilt, sondern das Miteinander beider Seiten rückt unübersehbar ins Zentrum.

Die reflexive Beziehung zwischen Kunde und Coach erfährt in diesem co-produktiven Verlauf von Coaching eine Relationierung, die nicht statisch festgeschrieben werden kann. Sie unterliegt einer sich verändernden Dynamik und orientiert sich an relevanten Regeln, die sich aus den Rahmenbedingungen ergeben.

So wird der Coach z.B. in der Auftragsklärungsphase stärker seinen Expertenstatus vertreten müssen als im fortgeschrittenen Prozess. Denn zur Auftragsklärung wird unbedingt die Positionierung des Coaches notwendig. Was kann er dem Kunden mit seinem spezifischen Anliegen anbieten? Wie kann er relevante Informationen erfragen, um den Referenzrahmen des Kunden erfassen zu können?

Im Verlauf der Beratung liegt die Gewichtung dafür immer wieder vermehrt auf der Expertise des Kunden. Das Angebot des Coaches muss für ihn passend sein und dies kann nur er selbst entscheiden; denn er wird die Verantwortung für die Umsetzung tragen müssen. Hier soll er die Rolle des Experten übernehmen. Nur er hat Zugang zur Logik seines Handelns. Nur er kann die Hintergründe, die ihn zu seinen Handlungsschritten veranlassen erklären. Er kennt sich aus in seinem Leben, in seinem Beruf, in seinem Tätigkeitsfeld.

Dem Coach liegt damit keinesfalls die ganze Last und Verantwortung des Gelingens alleine auf den Schultern. Er muss auch keine Entscheidung zwischen zwei Extremen treffen. Zur Wahl stehen nicht Verweigerung von Expertise *oder* Annahme von dominantem Expertenhabitus.

Das Praxiskonzept Co-Produktion zeigt einen nachvollziehbaren anderen Weg auf. Es zeigt einen Entwicklungsprozess auf, in dem alle Aktanten ihren produktiven Beitrag leisten.

Abbildung 6: Ein alternativer Weg

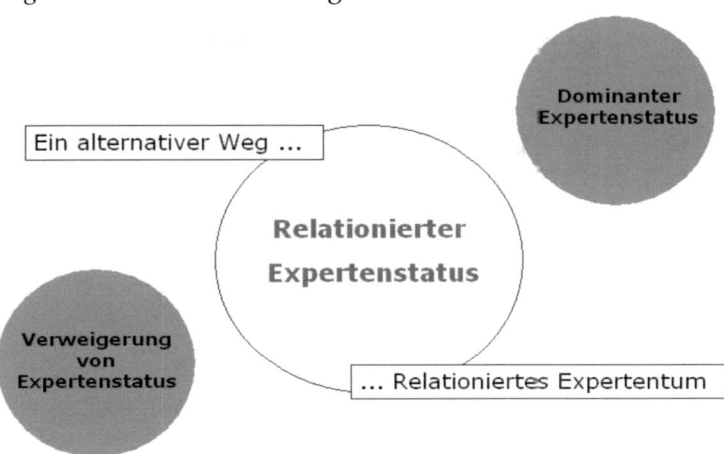

Anforderungen an die Coachingausbildung

Qualifizierungskonzepte für die Praxis werden in der Regel konzipiert, um für eine definierte Adressatengruppe den Erwerb von Fach- und Methodenkompetenzen zu gewährleisten. In der Coachingausbildung werden vornehmlich Praxisfähigkeiten fokussiert, die gemäß den bisherigen Ausführungen notwendigerweise an Wissenschaft auszurichten sind. Sie sollten am neuesten Erkenntnisstand des Fachgebietes (State of the Art) orientiert sein und zugleich dem Anspruch Rechnung tragen, in der Praxis nachhaltige Wirkung zu entfalten (Mayer 2001).

Für Coaching als eine Form professioneller Beratung werden neben inhaltlich-methodischen Kompetenzen zugleich auch Fähigkeiten angesprochen, die den Coach in seiner Persönlichkeit berühren. In den Fokus geraten u.a. Selbstpositionierung, Erkennen, Entwickeln und Vertreten des eigenen persönlichen Stils, Umgang mit eigenen Möglichkeiten und Grenzen.

Es geht hier jedoch weniger um das Thema der idealen Beraterpersönlichkeit, dessen These die Einstellung verfolgt, bestimmte Professionen seien nur bedingt erlernbar. Auch in diesem Rahmen geht es um die

Wirksamkeit der Kommunikationen des Coaches. In einem anspruchsvollen Gebiet tätig zu werden, beruht auf einer selbst getroffenen Entscheidung (Malik 2004), die geprüft und gegen Alternativen abgewogen wird. Die dazu notwendigen Kompetenzen sind durchaus erlernbar, d.h. sie können durch Fremd- und Eigenleistungen sinnvoll angeregt und entwickelt werden (Mayer 2001).

Im Lichte eines systemischen Paradigmas ist es vor allem bedeutsam für die Branche, empirische Ergebnisse zum Selbstorganisationsprozess Coaching zu gewinnen und einzusetzen (Tschacher, Brunner & Schiepek 1990), um darauf aufbauend die Handlungsfähigkeit des Coaches, vor allem im Bezug auf das Verhandeln von Differenzen sicher zu stellen (Schmidt 2000).

In der Qualifizierung von Coaches gilt es nun eben hierauf relevante Antworten zu finden. Nicht die Veränderung des Menschen (Zwingmann et al. 2000), sondern der Zugewinn an Kommunikativer Kompetenz (Schwertl 2001) zur professionellen Ausübung von Coaching sind für die Qualifizierung von zentraler Bedeutung. Für Anbieter heißt dies genau hierzu relevante Bedingungen für Ausbildung zu konzipieren. Analog zum Coachingprozess selbst kann es sich folgerichtig ebenfalls um nichts weniger als um die Qualität eines co-produktiven Geschehens handeln. Allerdings sind die Protagonisten hier Ausbildungskunde und -anbieter.

Coachingausbildung ist an Kunden aus der Praxis adressiert. Sie ist demnach ausgerichtet auf die Vermittlung von Handlungskompetenzen, ohne auf eine qualifizierte Reflexion von Praxis anhand von strukturierten Wissensbeständen verzichten zu können[32]. Im Fokus steht, wie bereits mehrfach betont, die Wirksamkeit des Beraterhandelns, nicht die noble Persönlichkeit. Dabei wird der Coach selbst als Aktant zum Nadelöhr von Kommunikation und kommt nicht umhin, sich im Kontext seines Handelns selbst zu *positionieren* und zu verantworten.

Qualifizierung sollte infolge auch an diesen Anforderungen ansetzen. Die folgenden Keywords sind als Anregung zum Diskurs um Ausbildungsqualität zu verstehen.

---

[32] s. dazu Dimension 1-Co-Produktion und die Anforderung an die Praxis des Coaches

Relationiertes Expertentum
Orientierungsmaß für Ausbildungsqualität

Den Kompetenzen des Coaches wird für die erfolgreiche Gestaltung des Prozesses höchste Bedeutung zugesprochen. Analog dazu ist für den Erfolg der Qualifizierung der Blick auf die Kompetenzausstattung des Ausbilders bzw. des Ausbilderkollegiums unverzichtbar. Dabei ist ein wesentlicher Aspekt zu berücksichtigen: Die Übereinstimmung der konzeptionellen Grundlagen, mit denen Ausbilder in beiden Praxisfeldern, Coaching *und* Coachingausbildung operieren.

Das Profil Relationiertes Expertentum stellt Anforderungen an den Ausbilder als Referenten inhaltlicher und methodischer Wissensvermittlung *und* als Modell für das Lernen in praxisanalogen Prozessen. Der Ausbilder wird zum Lehr-Coach seiner Ausbildungskunden.

Praxis – Lehre – Theorie werden zur komplementären und unauflösbaren Einheit für die Entwicklung von relevanten Lehr- und Lernkontexten.

Die bisher formulierten Keywords stellen ihrerseits Anforderungen an die Organisation von Ausbildung. Hilfreich, im Sinne eines organisierenden Parameters erweist sich hier eine stimmige Kommunikationsqualität sowohl hinsichtlich *externer* Kunden (Coach in Ausbildung, Adressat von Ausbildung) als auch bezüglich *interner* Kunden (Ausbilderkollegium, Mitarbeiter, Kooperationspartner). Entwertender Umgang mit Mitarbeitern gefährdet die respektvolle Begegnung mit den Ausbildungsteilnehmern und umgekehrt. Erforderlich wird in Konsequenz ein *verbindlicher* Qualitätsmaßstab zur Orientierung des gesamten Ausbildungskontextes mit seinen jeweiligen Teilsystemen (Schmidt 2000 & 2003[33]). Ein systemisches Wissensmanagement mit kollektiv vereinbarten Inhalten unterstützt nachhaltig die angestrebte Qualität. Sie hat damit die Chance nicht dem Zufall überlassen und nicht durch individuelle Interpretation Einzelner gefährdet zu werden.

---

[33] S.J. Schmidt spricht von integrierten Kommunikationsstrategien

Die Orientierung am Beraterprofil Relationiertes Expertentum bietet der Ausbilderorganisation einen angemessenen Maßstab für die kontinuierliche Selbstevaluierung ihrer Prozesse (Orientierungsqualität nach Brunner 1998 & 1999). Dies geht über gängige Modelle von Qualitätsmanagement hinaus. Im Fokus steht nicht mehr nur der einzelne Aktant. Erfolgreiche Co-Produktion in allen relevanten Kommunikationsprozessen (Coaching, Ausbildung, Organisation) wird zum Maßstab der Qualität und kann in den Reflexionsfokus gestellt werden.

Zur Etablierung eines kontinuierlichen Prozesses für die Qualitätsentwicklung im o.g. Rahmen steht eine Reihe an Modellen und Systematiken zur Selbstevaluation bereit, deren Kern an einer Problemlösungsmethodik 2. Ordnung ausgerichtet ist[34]. Sie sind geeignet, Kommunikationsprozesse, d.h. selbstreferentielle soziale Systeme, in angemessener Weise zu steuern.

Auch unter betriebswirtschaftlichen Aspekten ist der Blick auf Ausbildungsqualität nicht unbedeutend. Coaching in seinen verschiedenen Kontexten stellt sich als personenbezogene Dienstleistung dar. Erstellung und Annahme der Leistung fallen zeitlich zusammen[35]. Für das Gelingen des Prozesses ist das aktive Mitwirken des jeweiligen Gegenüber (externer bzw. interner Kunde) unabdingbar. Er ist mitbeteiligter Produzent am Erfolg des Geschehens; er ist *Mit-Garant* für das Ergebnis. Co-Produktionskompetenzen tragen wesentlich zum erfolgreichen Gelingen und damit zu Qualität bei. Im Umkehrschluss können Reibungsverluste reduziert werden: Kunden, Leistungen und fachliche Entwicklungen werden fokussiert und reflektiert. Return on Invest (s. Fortune Studie 2001) lässt sich auf dieser Grundlage ermitteln.

---

[34] TOTE-Modell (Miller et al. 1960), PDCA Change Modell (Deming 1986), Zielorientierte Entwicklung Walter et.al. 1994), Permanent durchlaufende Reflexionsschleife Königswieser et al. 1998), SOFT-Analyse, 5 W Evaluations- und Entwicklungsprozess (K3 Beratergruppe Frankfurt)

[35] Uno-acto-Prinzip der Betriebswirtschaftlehre

3 Von Anliegen und Aufträgen

Beratungskommunikation beginnt mit dem ersten Kontakt

Business-Coaching bedeutet Teilhabe am System Wirtschaft. Damit werden Erwartungen hinsichtlich guter Erreich- und Ansprechbarkeit an den potentiellen Coach gestellt. Die erscheint banal, ist aber nicht zuletzt auch mit Kosten verbunden, denn es erfordert von Anbieterseite Organisationsstrukturen, die u.a. Präsens und Verbindlichkeit sicher zu stellen vermögen.

Modelle therapeutisch orientierter Organisationen mit sehr engen Zeitfenstern für die persönlich telefonische Ansprechbarkeit bei gleichzeitig langen Intervallen eines aktivierten Anrufbeantworters finden hier wenig Akzeptanz, sind jedoch erstaunlich häufig anzutreffen.

Wer seinem potentiellen Kunden die Kontaktaufnahme durch derlei Hürden erschwert, muss bereits außergewöhnlich bekannt und begehrt sein.

Auf dem Markt existiert ein sehr großes unüberschaubares Angebot an Coaches, ganz im Gegensatz zu den von Krankenkassen finanzierten psychotherapeutischen Angeboten, deren Marktzugang über Kartellbildung streng reglementiert ist.

Ansprechbarkeit ist somit von höchster Relevanz. Die heute zur Verfügung stehende Kommunikationstechnik ist eine große Hilfe. Sie darf jedoch nicht überbewertet und sollte gut abgewogen eingesetzt werden. Für Kunden ansprechbar zu sein, bringt die Bereitschaft zur Dienstleistung zum Ausdruck und gibt erste Hinweise auf die Ausformung des Geschäftsmodells.

Was möchte ich wissen?

Potentielle Kunden melden sich mit sehr unterschiedlichen Beschreibungen zu ihren Anliegen. Sie sind nicht immer geübt, ihre Anliegen so zu formulieren, dass es sich für den Coach erschließt. Um zur notwendigen Strukturiertheit und Klarheit des ersten Telefonats zu kommen, muss bereits hier die Prozesssteuerungskompetenz des Coaches einsetzen. Ein vorbereitetes Schema – ob konventionell auf Papier oder elektronisch – kann als Strukturierungshilfe gute Dienste leisten. Ein enges Festhalten daran würde allerdings die Hilfe ins Gegenteil verkehren. Die Strukturierungshilfe hat dem Dialog zu dienen. Verkehrt sich dies, dient die Interaktion dem Formblatt.

Neben wichtigen Daten zur Person und Angaben zur Kontaktaufnahme gilt es Informationen zu generieren, die zur Förderung einstweiliger Hypothesen hilfreich sind. Das folgende reale Beispiel[36] verbindet ein leicht gekürztes Transkript mit der Darstellung notwendiger Fragetechnik.

Kunde:
Mein Name ist A. Eckstein. Herr Pohl von SMW hat Sie mir empfohlen. Ich suche einen Coach. Darf ich Sie dazu ansprechen?
Coach:
Grundsätzlich bieten wir Business-Coaching an. Herr Eckstein, haben Sie jetzt Zeit, damit ich Ihnen noch ein paar Fragen stelle, oder soll ich Sie später zurückrufen?
Kunde:
Ich habe jetzt Zeit, hätte aber grundsätzlich gerne ein Vorgespräch.
Coach:
Das hätte ich Ihnen ohnehin vorgeschlagen. Zu meiner Vorbereitung auf dieses Vorgespräch würde ich Ihnen jetzt gerne einige Fragen stellen. Sind Sie damit einverstanden? (Die Frage der Schweigepflicht war sehr schnell geklärt).

---

[36] Namen und Unternehmen wurden geändert. Wiederholungen wurden entfernt und sprachliche Bereinigungen vorgenommen.

Kunde:
Einverstanden.
Coach:
Herr Eckstein, was sind Ihre Aufgaben im Unternehmen?
Kunde:
Ich bin tätig in einem großen Automobilkonzern und wir haben ein relativ großes Engagement im Bereich Sportsponsoring. Ich verantworte diesen Bereich als Abteilungsleiter.
Coach:
Darf ich Sie fragen, an wen Sie berichten?
Kunde:
Ich berichte an den Leiter Marketing, der direkt unter dem Vorstand Vertrieb positioniert ist.
Coach:
Herr Eckstein, darf ich fragen, was Ihr Anliegen ist? Was ist der Grund dafür, dass Sie Coaching in Anspruch nehmen möchten?
Kunde:
Es gibt Gerüchte, dass meine Abteilung – obwohl doppelt so groß – der Abteilung Rennsport – Mode – Events zugeschlagen werden soll. Herr F. Pfister wäre dann Leiter der größten Abteilung und ich könnte meinen Hut nehmen.
Coach:
Was meint Ihr Bereichsleiter dazu?
Kunde:
Mit dem ist es zur Zeit schwierig, darüber zu sprechen.
Coach:
Bedeutet dies, Sie besitzen hinsichtlich einer Umstrukturierung keine gesicherten Informationen?
Kunde:
Es gibt nur Gerüchte
Coach
Okay, weiß Dr. Feldkirch, Ihr Bereichsleiter von Ihrer Suche nach einem Coach?
Kunde:
Ja, er begrüßt dies.

Coach:
Das heißt, er darf es wissen?
Kunde:
Selbstverständlich, wir könnten falls nötig auch einmal zu dritt sprechen.
Coach:
Fein, dass ist sehr hilfreich. Ich habe noch ein paar andere Fragen:
Hat sich F. Pfister dazu bereits positioniert?
Kunde:
Offiziell nicht, aber er hätte einen enormen Zugewinn. Wir pflegen – von üblichen Interessenskonflikten abgesehen – eine tragfähige Kooperation.
Aber ... Das Hemd ist ihm näher ...
Coach:
Verstehe. Gibt es stille Beobachter? Dies sind für uns Eingeweihte, die sich nicht aktiv am Diskurs beteiligen.
Kunde:
Ja, das sind Herr J. Berg, verantwortlich für Messen und Ausstellungen und Frau C. Saalberg, Leiterin Product Placement.
Coach:
Den schlechtesten Ausgang kenne ich schon, aber was wäre der beste?
Kunde:
Wenn ich meine Abteilung, wie sie ist, behalten kann.
Coach:
Eine letzte Frage:
Wie dringlich ist ihr Anliegen, dargestellt auf einer Skala 0 – 10? Zehn ist die höchste Dringlichkeit.
Kunde:
Acht!
Coach:
Okay, ich würde mir jetzt noch die Kontaktdaten notieren, und wenn Sie möchten, vereinbaren wir einen Termin. Nach diesem Termin müssen Sie sich entscheiden, ob Sie mit mir zusammenarbeiten möchten. Ich werde mir diese Frage auch stellen. Um Missverständnisse zu vermeiden, möchte ich Sie darauf hinweisen, dass ich auch den ersten Termin fakturiere.
Das Honorar hatte ich Ihnen ja genannt.

Kunde:
Einverstanden
Coach:
Möchten Sie etwas zu meiner Person wissen?
Kunde:
Ich habe Sie auf der Webseite Ihres Unternehmens gefunden:
Coach:
Reicht Ihnen das?
Kunde:
Ja, ich habe auch durch das Telefonat einen Eindruck gewonnen.
Coach:
Fein. Ich danke Ihnen für Ihre Anfrage und die Möglichkeit bereits am Telefon Fragen zu stellen, dies hilft mir sehr bei meinen Vorbereitungen. Wir treffen uns dann in dem genannten Hotel zum vereinbarten Zeitpunkt.

Kommentar eins:
Die Fragen wurden alle beantwortet. Weiteres Nachfragen wäre für ein erstes Telefonat nicht passend gewesen, denn trotz Empfehlung war der Coach für Herrn Eckstein eine fremde Person, mit der es bis dato nur telefonischen Kontakt gab. Die Schwierigkeiten mit dem Bereichsleiter registrierte der Coach, verfolgte sie zu diesem Zeitpunkt jedoch bewusst nicht weiter. Die Wahl des Ortes deckte sich mit bisherigen Erfahrungswerten: Neutrale Orte oder die Besprechungsräume des Coachingunternehmens werden, wenn es geographisch passend ist, von den meisten Kunden bevorzugt. Letztlich sollte die Ortswahl nach Präferenz des Kunden erfolgen. Ungestörtheit – Möglichkeit zur Konzentration – Diskretion, das sind maßgeblichen Kriterien. Coachingprozesse sind Reflexionsprozesse und diese gilt es durch die Wahl des Ortes zu fördern.

> **Fragen zum telefonischen Erstkontakt**
>
> - Information zur Person
> - Beschreibung des Anliegens durch den Kunden
> - Beschreibung durch andere informierte Personen (Auftraggeber, Ratgeber)
> - Fragen nach beteiligten Aktanten
> - Fragen nach scheinbar unbeteiligten Beobachtern (z.B. Stakeholder)
> - Skizzierung des denkbarer schlechtesten Ausgang (Worst case)
> - Bisherige Erfolgsmuster des Kunden in ähnlichen Situationen
> - Dringlichkeit des Anliegen
> - Fragen zum Auftraggeber
> - Besondere Erwartungen bezüglich der Auswahl des Angefragten

Diese Fragen sind i.d.R. nach einem ersten Telefonat nicht erschöpfend beantwortet. Dies ist weder möglich noch nötig. Sie werden im Prozess der Auftragsklärung wieder aufgegriffen.

Espressorunde oder Meeting

Anfragen nach Coaching können auf der Dienstleistungsseite sehr unterschiedlich weiter prozessiert werden. Anfragen sind immer die Chance zu einem Auftrag, aber nicht jede Anfrage mündet in einen solchen. Ausbildung und Wissensstand der Coaches, Unternehmenskultur, methodische Ausrichtung und Geschäftsmodell des Coachingunternehmens beeinflussen die Art und Weise der Vorbereitung. Kunden ihrerseits sorgen mit ihren Anfragen für Varianzen und erzeugen Fragen.

Coachinganbieter sind daher immer mit der Herausforderung konfrontiert, Routinen zu etablieren, gleich bleibende Qualität zu sichern und dabei den individuellen Zuschnitt nicht zu verlieren. Das im Folgenden skizzierte Modell bewährt sich seit vielen Jahren in der Praxis des

Autors[37] und setzt sich gegenüber anderen Modellen immer wieder durch und hat sich als ein wesentliches Element zur Qualitätssicherung bewährt.

- Die *Espressorunde* findet als eine tägliche Morgenroutine statt. Alle Tagesthemen, so auch die Coachinganfragen werden *kurz* erörtert, denn die Runde ist zeitlich knapp bemessen.
- Die standardisierte Vorgehensweise beinhaltet immer auch die Festlegung eines jeweiligen Prozessverantwortlichen.
- Komplexe Anfragen sowie die Notwendigkeit der ausführlichen Erörterung und Klärung einer Angelegenheit benötigen eine *längere Zeiteinheit* und werden folglich auf das nächste *Meeting* vertagt.
- Bei schwierigen bzw. konflikthaft verlaufenden Prozessen steht eine dritte Routine zur Verfügung. Die Erörterung zwischen dem jeweiligen Prozessverantwortlichen und zwei weiteren Coaches ist verpflichtend; sie hat zeitnah zu erfolgen.

Das Verfahren hat den Vorteil des gegenseitigen Lernens, der Betrachtung aus unterschiedlichen Perspektiven und einer Verschränkung der unterschiedlichen Erfahrungshintergründe. Es ist zugleich ein Modell für Learning on the Job zwischen jüngeren und erfahrenen Beratern. Dies lässt individuelle Prozessgestaltungen innerhalb einer bestimmten Regelhaftigkeit zu.

Im vorgestellten Beispiel wird auf einen möglichen Konflikt zwischen Dr. Feldkirch und Herrn Eckstein hingewiesen. Es wird vermutet, dass die mögliche Zusammenlegung der Abteilungen damit in Verbindung steht. Gleichzeitig fügt sich dies nicht sehr gut in das beschriebene Wohlwollen durch Dr. Feldkirch. Die Zusammenlegung könnte auch ein Gerücht sein, eine Art Stille Post Effekt haben. Es werden die üblichen Recherchen über das Unternehmen vereinbart. Diese Hintergrundinformationen sind behilflich, den Kontext zu markieren, in dem sich das An-

---

[37] Dies bedeutet, es ist eingebunden in das Regelwerk von K3 Beratergruppe Frankfurt

liegen des Kunden präsentiert und damit das innere Geschehen im Unternehmen erfassen zu können.

Abbildung 7: Ablaufdiagramm: Coachingprozess

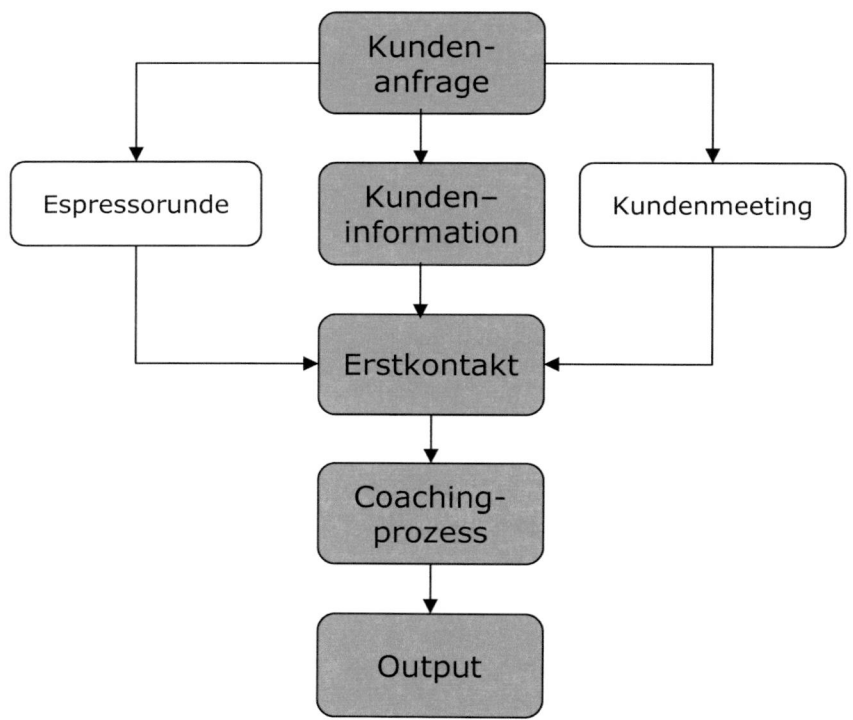

Die erste Begegnung

Joining bedeutet, durch einleitende Kommunikationen über allgemeine Themen die anfängliche Fremdheit zwischen Coach und Kunde zu überwinden. Wie diese ersten Schritte der Beratungskommunikation durch den Coach gestaltet werden hängt u.a. von individuellem Stil und entsprechenden Vorlieben ab. Hierbei spielen sprachliche Konventionen,

Spezifika von Branchen und persönliche Vorlieben des Coaches eine Rolle. Interkulturell betrachtet entscheidet sich an der Direktheit, mit der das thematische Ziel angesprochen wird, ob sich der Kunde respektiert fühlt oder nicht. Die spanische bzw. französische Kommunikationskultur z.B. sieht ein relativ langes Joining vor. Die Frage nach der Anreise, dem Wohlergehen der Familie oder die Kommentierung des Wetters sind keine Effizienzhindernisse, sondern kulturelle Standards, die es einzuhalten gilt. Die ersten Interaktionsequenzen können viel versprechend oder gegenteilig wirken. Man kann nur lernen, diese Ungewissheit als Herausforderung zu akzeptieren.

Im Folgenden wird über eine erste Begegnung berichtet, die zunächst nichts Gutes versprach:

> Vom HR Bereich einer großen Bank auserkoren, sollte ich vor einigen Jahren der Coach eines Vicepresident dieser Bank werden. Er berichtete direkt an den Vorstand und wurde als kompliziert und sehr anspruchsvoll beschrieben. Indirekt gab man mir zu verstehen, die geschäftliche Beziehung würde, auch wenn es schief ginge, nicht leiden. Es war von einer Herausforderung und der Seniorität des Coaches die Rede. Coach und Kunde hatten zusätzlich maximale Unterschiede hinsichtlich sozialer und geographischen Herkunft. Der norddeutsche Sprachgebrauch traf der süddeutschen barocken Umgang mit Sprache, wohlhabende Herkunft und das Gegenteil verstärkten die Differenz. Trotz aller Zweifel meinerseits gab es letztlich keine Alternative, als den Antrittsbesuch zu wagen. Die guten geschäftlichen Beziehungen zur Bank und die Weigerung der Kollegen die Anfrage zu übernehmen, verhinderten jegliche andere Lösung. Das Motto: „Du hast keine Chance, aber nütze sie", tat ein Übriges.
>
> Mr. Vicepresident bat mich – ein Telefonat beendend – Platz zu nehmen. Er entschuldigte sich höflich, lächelte sympathisch und meinte: So, Sie sind mein Coach, was darf ich Ihnen beibringen? Mir wurde plötzlich klar, die Alternativen bestanden entweder in einem – wie das Militär es nennen würde – geordneten Rückzug oder in einer passenden Antwort. Ich wählte die letztere Variante und kann bis heute nicht wirklich sagen, wie ich sie und den Mut fand, sie freundlich zu formulieren: „Sicherlich könnte ich vieles von Ihnen lernen, Ihre Zeit würde dafür niemals reichen, dies ist unstrittig, aber ich bin hier als Ihr Coach. Dies bedeutet, wir können nur gegenseitig

voneinander lernen und es geht um Ihre Themen, sonst ist die Veranstaltung nicht zielführend."

Es gab es keine Zweifel, meine Antwort würde entweder zur Akzeptanz oder zum Ende des Anfangs führen. Mr. Vicepresident konterte: „Sie können bleiben, womit wollen wir anfangen? Ich begann meine Fragen zu stellen. Daraus wurde ein spannender Auftrag.

Das Beispiel verdeutlicht: die mögliche Vielfalt für die Startoperation ist nicht zu begrenzen. Dies wissend ist es sinnvoll, die üblichen Konventionen einzuhalten, fachliche Kompetenz zu zeigen und den Versuch, für jeden Kunden sich selbst neu zu erfinden, zu unterlassen. Der schmale Grad lautet: dem Kunden dienen, aber nicht sein Bediensteter sein. Wer auf die Rückmeldungen seiner Umgebung sorgsam achtet, weiß nach einiger Zeit, ob er die erste Hürde mehr über Sympathiewerte oder tendenziell mehr über fachliche Kompetenz überwindet. Dies ist nicht alternativ, jeder Coach möchte beide Attribute im Übermaß zugeschrieben bekommen, aber diese Entscheidung trifft der Kunde selbst. In Anlehnung an Norbert Wiener ist zu formulieren: Er entscheidet, was der Coach gesagt hat.

Anliegen und Auftrag

Der telefonische Kontakt und das erste Gespräch bedeuten nicht zwingend, dass es zu einem Coachingauftrag kommt. Es sind erste Verhandlungen zur Klärung, ob die Anliegen der Aktanten soweit komplementär sind, dass ein Auftrag gestaltet werden kann, zu führen.

Das Anliegen von Herrn Eckstein bestand in der Erhaltung seiner beruflichen Position und seiner Abteilung, der Verbesserung des Verhältnisses zu Dr. Feldkirch und der Optimierung seiner Führungsleistungen.

Das Anliegen des Coaches ist einfach beschreibbar:

Er möchte seine Coachingleistungen am Markt platzieren und verkaufen und im beschriebenen Falle einen neuen Kunden gewinnen, um der Empfehlung durch Herrn Pohl gerecht zu werden.

Anliegen existieren isoliert für sich, auch wenn sie auf der Seite des Coaches meistens ähnlich sind. Sie sind nicht mit den jeweils anderen Aktanten abgestimmt. Sie müssen auch nicht zwingend kommuniziert sein. Sie werden als Voraussetzungslast für die Verhandlungen mitgebracht. Die Formulierung eines zwischen den Partnern abgestimmten Auftrags generiert die inhaltlichen Aspekte der Vereinbarung und damit auch die Ziele. Der Auftrag bedeutet, dass der Coach und Herr Eckstein über die genannten Themen mit den jeweiligen Rollenausformungen Coach und Coachee sprechen. Dies impliziert den Ausschluss anderer Themen, wie der Besuch des letzten Theaterstücks von Thomas Bernhard. In Konsequenz sind Aufträge immer spezifisch und niemals allgemein. Der Coach bezieht seine Legitimation aus dem jeweiligen Auftrag und nicht aus seinem Expertenstatus. Der Expertenstatus ist eine notwendige aber keine hinreichende Bedingung, um an der Auftragsklärung teilnehmen zu können. Dies sei am Beispiel der Notfallmedizin nochmals erläutert:

Der Notarzt legitimiert seine Handlungen (z.B. Luftröhrenschnitt) aus seinem gesetzlich abgesicherten Expertenstatus. Der Coach hingegen kann seine Berechtigung zu handeln (z.B. Einsatz von Fragetechniken, Interventionen) nur aus dem mit dem Kunden vereinbarten Auftrag ableiten. Beratungskommunikation verknüpft unterschiedliche Anliegen zu einem gemeinsamen Auftrag. Dieser Auftrag ist das erste Resultat erfolgreicher Co-Produktion.

Die Bedeutung einer sorgfältigen Auftragsklärung würde vor allem dann sichtbar werden, wenn sie fehlen würde. Hierfür gäbe es zwei grundsätzlich unterschiedliche Prozessdynamiken:

- Der Coach handelt ohne Auftragsklärung so, wie er es für richtig hält. Er entkoppelt sich von seinen Kunden. Fast zwangsläufig gerät der Kunde aus der Mitverantwortung. Die Chancen auf Konflikte und Verwirrungen steigen.
- Der Coach läuft sprachlich als Erfüllungsgehilfe hinter den vermuteten Wünschen des Kunden her. Seine Expertise kann sich nicht entfalten, und Coaching wird zur nutzlosen, Ressourcen verbrauchen-

den, Veranstaltung. Der Coach verkümmert, das Schild Kundenorientierung hoch haltend, zum Erfüllungsgehilfen. Das Ende seiner Verpflichtung ist absehbar.

Analysiert man Coachprozesse, die in Schwierigkeiten geraten sind (z.B. in Fallbesprechungen), stellt man schnell fest, dass unklare Auftragsverhältnisse die größte Problemgruppe darstellen.

Aufträge und damit verbundene Ziele sind jedoch keine statischen Richtgrößen. Reflexionen der Beratungskommunikation können durchaus in Modifikationen des Auftrags münden.

Abbildung 8: Anliegen und Auftrag

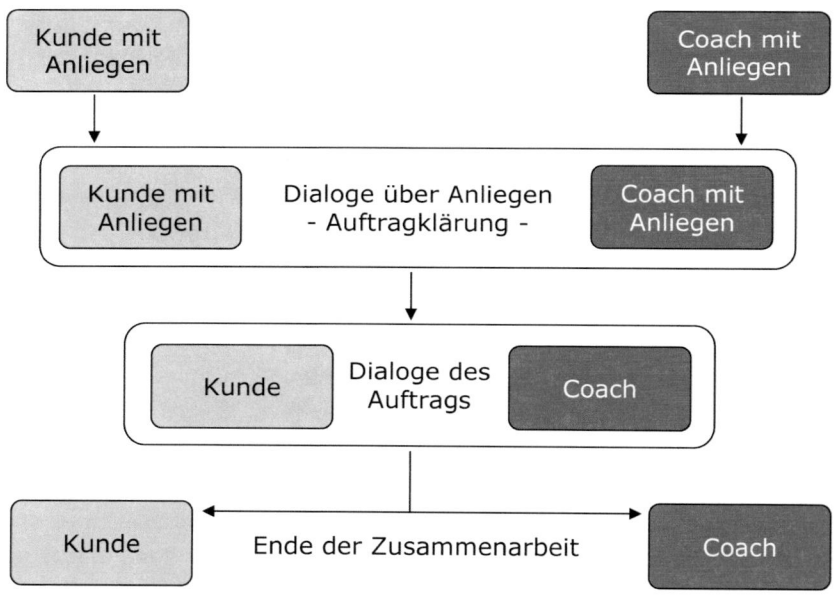

Fragen zur Auftragsklärung

- Was wären die inhaltlichen Themen eines gemeinsamen Coachingprozesses? (Auflistung vornehmen)
- Wie würden Sie die Themen gewichten?
- Welche Themen würde Herr/Frau NN benennen?
- Wie würde Herr/Frau NN die Themen gewichten?
- Mit welchem Thema würden Sie gerne beginnen?
- Was wäre bei Thema NN anders, wenn Sie Ihr Ziel erreicht hätten?
- Wie wären Sie (aus der Retrospektive) dann zu diesem Ziel gekommen?
- Woran merken Sie, dass Sie die Ziele erreicht haben?
- Gibt es jemand, dem diese Entwicklung weniger gefallen würde?
- Wer würde sich über eine solche Entwicklung mit Ihnen freuen?
- Haben Sie Vorstellungen, was ich für Sie dabei tun soll?
- Fragen zur Frequenz der Gespräche, dem Ort.

Das erste Gespräch

Arnold Eckstein und sein Coach verabreden sich in dem reservierten Besprechungsraum eines Hotels. Der Coach benennt die zur Verfügung stehende Zeit, wiederholt den aktuellen Stand der Dinge und klärt die Gültigkeit dieses Status ab. Die Rückversicherung, ob der Coach die Dinge im Sinne des Kunden verstanden habe, dient dem Aufbau einer gemeinsamen Ausgangslage. Die Wiederholung mit eigenen Worten beinhaltet die Möglichkeit den Sachverhalt ein bisschen anders zu formulieren. Man kann mehr akzentuieren, mehr oder weniger dramatisieren oder sanfte Umdeutungen anbieten. Es ist ein erster, wenn auch sehr vorsichtiger Versuch, die Dinge anders zu ordnen.

Arnold Eckstein erzählt freimütig über sein Verhältnis zu Dr. Feldkirch. Die beiden Herren hatten in vielen strategischen Überlegungen große Übereinstimmung, aber in Managementfragen existieren große

Differenzen. Dr. Feldkirch sieht in Herrn Eckstein jemand, der *nicht führbar* ist.

Auf Nachfrage wird deutlich: *nicht führbar* zu sein, steht für Regeln verletzten, zu eigensinnig, nicht berechenbar, nicht vertrauenswürdig, kein Teamplayer zu sein und in Folge wäre er ungeeignet für den weiteren Aufstieg. In der Diktion des Unternehmens kommt dies nahezu einem beruflichen Todesurteil gleich.

Auf die Frage, ob er etwas zu diesem Urteil beitrage, gibt Hr. Eckstein freimütig zu, Fehler, die er sehe, ohne Rücksichtnahme aufzudecken. Eine genauere Nachfrage ergibt, dass fünf kritische Emails pro Tag an Dr. Feldkirch keine Seltenheit wären. Freimütig legt er offen, nicht sehr fehlerfreundlich zu sein. Herr Eckstein bietet hierfür eine sehr griffige und widerstandsfähige Erklärung an, nämlich die strenge Erziehung durch seine preußische Mutter.

Das Zusammenspiel komplettiert sich dadurch, dass Frank Pfister sehr moderate Interaktionsformen pflegt. Er gilt als freundlich zugewandt, die Herzen gewinnend und mit Dr. Feldkirch im besten Einvernehmen stehend. Die Frage an Herrn Eckstein, wie es sein könne, dass er sich trotz der Differenzen halten könne, fördert eine Menge Ressourcen zu Tage. Es wird deutlich, Herr Eckstein erzielt gute fachliche Ergebnisse, geht sehr sorgfältig mit Sponsoringaufgaben um. Die geförderten Sportler schätzen ihn auch als Rat und nicht nur Geld gebenden Freund. Er nütze jede Gelegenheit, das Unternehmen konstruktiv darzustellen und gelte als sehr zuverlässig und worttreu. Er ist die Personifizierung (Pressekommentar) dessen, was Sponsoring sein sollte, nämlich Unterstützung, die sich nicht auf das Monitäre reduziert.

Das Szenario wird deutlicher: Charming Boy gegen preußische Strenge oder anders ausgedrückt: soziale Kompetenz vs. Sachlogik

als Pseudoalternative vor dem Hintergrund möglicher Umstrukturierung. Es wird des Weiteren deutlich: Arnold Eckstein ist kein sehr begabter Marketingmann in eigener Sache. Wie ernst die Frage der Abteilungszusammenlegung ist, lässt sich zu diesem Zeitpunkt nicht wirklich beurteilen.

Herr Eckstein nennt folgende Ziele für ein Coaching.

- Deutliche Verbesserung des Verhältnisses zu Dr. Feldkirch
- Sicherung seines Status und Erhalt seiner Abteilung
- Verständigung über den Umgang mit Rückmeldung
- Geordnetes Feedback innerhalb seiner Abteilung
- Reflexion über seinen Führungsstil
- Hilfen (wörtlich: Tricks) um sympathischer zu wirken

Die Gewichtung drückt sich in der gewählten Reihenfolge aus. Die Frage, wie Dr. Feldkirch gewichten würde, ergibt keine wesentlich anderen Informationen. Die Erreichung des Zieles würde Herr Eckstein daran erkennen, dass es keinen Ärger mehr mit Herrn Eckstein geben würde, er sich seiner Position sicher sei und das nächste Audit ihm die Managementbefähigung für die nächsthöhere Ebene attestieren würde. Seinen Beitrag zur Zielerreichung kann er nicht benennen und er wünscht sich vom Coach für die Umsetzung des Planes zu sorgen. Hierbei sähe er es als hilfreich an, seine Fehler zu analysieren und zu besprechen damit er sie dann abstellen könne.

Wer liefert die Lösung?

In der einschlägigen Literatur für Business-Coaching wird die Last der Lösungsfindung häufig alleine dem Kunden aufgebürdet (Rauen 2005, S.26). Meistens finden sich Beschreibungen darüber, dass Coaches ihre Kunden dabei unterstützen, ihre spezifischen Lösungen zu finden. Diesem zustimmend, muss gleichzeitig deutlicher Widerspruch formuliert werden. Die Vorstellung, der Berater agiere wie ein Reflexionspartner und verhelfe damit dem Kunden zu seiner spezifischen Lösung, ist nicht neu. Letztlich ist dies eine der Begründungen für die kommunikative Passivität des Therapeuten in der Psychoanalyse. Systemische Therapie trägt es ohnehin wie ein in Stein gemeißeltes Bekenntnis vor sich her.

Die konkrete Praxis weicht davon erheblich ab, wenngleich es als theoretisches Postulat allgegenwärtig ist.

In der Dienstleistung Business-Coaching sind im Vergleich zur Psychotherapie die Verhältnisse anders gewichtet. Coachingaufträge sind meistens auf einen relativ kurzen Zeitraum befristet. In der Regel stehen zehn Stunden zur Verfügung. Wie immer die Rollenausformung durch den Coach, den Ausbilder oder die Fachliteratur auch definiert wird, bleibt es zu berücksichtigen, dass Kunden ebenfalls eine Vorstellung von der operativen Umsetzung der Tätigkeit des Coaches haben. Sie haben Erwartungen, die sie erfüllt sehen wollen. Berater müssen dies berücksichtigen, sonst werden Markierungen wie Kundenorientierung zur Farce.

Eine Aufgabe für den Leser

Einer Ihrer Abteilungsleiter trägt Führungsverantwortung für zwanzig Mitarbeiter. Es gibt Probleme mit diesem Abteilungsleiter, die immer wieder auf die Tagesordnung kommen, also kein Einzelfall sind. Gleichzeitig halten Sie aus verschiedenen Erwägungen die Trennung von ihm für keine gute Lösung. Vieles deutet darauf hin, dass Coaching für Ihren Abteilungsleiter hilfreich sein könnte. Der letztlich gefundene Coach kann an Hand seiner Vita und seiner Referenzen glaubhaft darlegen, dass er eine Menge an Erfahrung mit vergleichbaren Situationen hat. Seine Honorarvorstellungen liegen im oberen Vergütungsbereich.

Dieser Coach lässt Sie und Ihren Abteilungsleiter nicht an seinen Erfahrungen teilnehmen. Er begründet dies mit dem Hinweis auf sein konzeptionelles Vorgehen. Mit dem Postulat, Sie mögen Ihre spezifische Lösung unabhängig von der benötigten Zeit finden, verweigert er sein fachliches Wissen.

Halten Sie einen Augenblick inne und denken Sie über diesen Coach nach.

Den sanften Reflexionspartner gegen den Gefolgschaft fordernden Experten zu stellen, bedeutet Pseudoalternativen[38] zu konzipieren.

Eine dritte Position besteht darin, zu akzeptieren, dass Kunden Anregungen – und diese sind nichts anderes als Teillösungen – von ihrem Coach erwarten (König, Volmer 2003). Wir nennen dies *Bereitstellung von Lösungsszenarien*.

Das Verfahren lässt sich sehr gut mit einer Metapher beschreiben:

Der Coach ist wie ein Händler mit einem Bauchladen. Er sagt nicht, was der Kunde kaufen oder stehen lassen soll. Er bietet die Ideen an, über die er verfügt, mit denen er gute Erfahrungen gemacht hat und klärt über die wahrscheinlichen Vor- und Nachteile auf. Die Entscheidung bleibt beim Kunden, aber die Expertise des Coaches wird dem Kunden nicht verweigert.

Diese Strategie führt aus der Pseudoalternative heraus. Der systemisch etikettierte Coach, der in voller Reinheit auf der Lösung sitzt und dort trotzig verweilt, löst sich auf. Das Modell der Enthaltsamkeit zu jeglichen Lösungsvorschlägen als den einzig gehbaren Weg zu postulieren, kann auch aus anderen Gründen angezweifelt werden: es könnte darin eine Differenz zwischen praktizierter und publizierter Beratungskommunikation zum Ausdruck kommen. Wissen können wir nur, was die Intimität des Beratungsprozesses in geschriebener bzw. erzählter Form verlässt. Theorie und Praxis folgen durchaus unterschiedlichen Regeln. Nicht alles Gesagte innerhalb eines Coachingprozesses findet sich in Publikationen wieder.

Die *Bereitstellung von Lösungsszenarien* fordert keinerlei Unterordnung, keinerlei Gefolgschaft, aber sie entspricht in der Regel der Kundenerwartung.

Für Herrn Eckstein bedeutet dies, dass er zwar seine Verantwortung nicht an den Coach delegieren kann, aber mit der Suche nach Lösungen zu seinen Problemen auch nicht alleine gelassen wird. Der Coach macht Vorschläge und entwickelt gemeinsam mit dem Kunden Lösungsszenarien; aber die Entscheidung bleibt konsequent auf Kundenseite.

---

[38] Es erinnert an die Geschichte von Milton H. Erikson, der von seinem Vater gefragt wird, ob er den Schweine- oder den Kuhstall sauber machen wolle.

Verträge und ihre Tücken

Der Auftrag besteht aus einem sozialen und einem juristischen Vertragsteil. Partner vereinbaren Leistungen und stimmen ab, welche Themen erörtert werden. Zusätzlich wird eine Einigung über Honorierung und Reisekostenregelung getroffen. Die Partner schließen damit laut BGB einen Dienstvertrag, in dem eine Leistung, aber kein Erfolg geschuldet wird (BGB § 611). Im Falle unlösbarer Differenzen existieren einige Auswege, die sich um Kompromissbildung – Rückzug einer der beiden Parteien und juristische Auseinandersetzung gruppieren. Der kommunikative Vertragsteil definiert die zu behandelnden Themen, die Operationalisierung der Ziele und die vereinbarte Prozessgestaltung. Business-Coaching, häufig als Managemententwicklungsformat zur individuellen Förderung eingesetzt, wird durch das Unternehmen finanziert und damit ergeben sich andere Herausforderungen hinsichtlich der

Vertraggestaltung. Es entsteht eine Dreiecksbeziehung zwischen Coach – Coachee – Sponsor. Fragen von Schweigepflicht, von Loyalität und Informationsoffenheit müssen neu beantwortet werden.

Der erste Kontakt zwischen Herrn Eckstein und dem Coach führt nach ca. 90 Minuten zu einem abgestimmten Auftrag. Die relevanten Themen untermauert Herr Eckstein durch praktische Beispiele. Auf Seiten des Coaches verstärkt sich das Bild, dass die Problemlandschaft vor allem aus vier Szenarien besteht.

Herr Eckstein, dem Coach gegenüber sehr freundlich, neigt dazu, seinen Mitarbeitern wenn auch sehr höfliche aber sehr direkte Rückmeldungen zu geben. Nicht alle der zwanzig Mitarbeiter verfügen über die Fähigkeit, damit konstruktiv umzugehen.

Herr Eckstein widmet den gesponserten Personen viel Zeit, dies bedeutet, er verbringt relativ wenig Zeit im Büro. Dies geht zu Lasten der Regelkommunikation innerhalb der Abteilung und damit zu Lasten seiner Führungsleistungen.

Die Position von Herrn Eckstein ist mit Einladungen, Events in großer Öffentlichkeit und damit Bekanntheit verbunden Er ist nicht nur im gesamten Unternehmen bekannt sondern auch häufig in den Medien präsent. Sein Tätigkeitsbereich ist in Folge sehr begehrt.

Dr. Feldkirch erhält fast täglich Emails mit negativer Rückmeldung durch Herrn Eckstein und ist darüber, so Herr Eckstein, ziemlich verärgert. Die fachlichen Ergebnisse, die Herr Eckstein erzielt, sind sehr geschätzt, sie werden bestens bewertet. Abzüge in voller Höhe der möglichen Jahresprämie werden meistens mit den genannten Unzufriedenheiten begründet. Diese Themen sollen zum Gegenstand genauerer Reflexion, notwendige Veränderungen sollen herausgearbeitet und umgesetzt werden. Die Themen werden wie folgt priorisiert:

- Verbesserung der Beziehung zu Dr. Feldkirch
- Überprüfung des Zeitmanagements mit dem Ziel, freiwerdende Zeit für das Management der Abteilung einzusetzen.
- Überprüfung und Optimierung der Regelkommunikation

Die Aufgabe des Coaches soll darin bestehen, Reflexionspartner für konkrete Veränderungen, Ideenlieferant und Feedbackgeber zu sein.

Es werden regelmäßige Treffen – Begleitung zu spezifischen Meetings und Anwesenheit bei Besprechungen mit der Abteilung – vereinbart.

Herr Eckstein und der Coach sind sich zwar über die Inhalte des Auftrags einig, hinsichtlich einer Bedenkzeit bestehen jedoch Differenzen. Der Coach plädiert für mindestens achtundvierzig Stunden Bedenkzeit. Herr Eckstein solle die Entscheidung, ob er sich auf diesen Coachingprozess mit diesem Coach einlassen will, nicht unter dem Eindruck des aktuellen Gesprächs fällen. Dieser hielt ein solches Memorandum für Zeitverschwendung (Ich bin sicher, dies wird auch übermorgen nicht anders sein!).

Trotz den Bemühungen des Coaches stockt der Dialog an dieser Stelle.

In der Vergangenheit hat sich die Einhaltung einer Bedenkzeit von achtundvierzig Stunden, vor allem dann als hilfreich erwiesen, wenn sich die Einigung sehr mühelos anließ. Sie gibt dem Kunden Gelegenheit, die spontane Entscheidung nochmals zu überprüfen Diese vom Coach gewollte Verzögerung wirkt wie ein Filter und reduziert entsprechende Fehlentscheidungen. Gleichzeitig ist gegen Herrn Ecksteins Sicherheit nicht zu argumentieren, denn er wirkt sehr souverän in seinen Entscheidungen. Der Coach nützt eine kurze Unterbrechung und ändert seine Strategie.

> Coach: Ich sehe, Sie können einer Bedenkzeit wenig Sinn abgewinnen. Ich respektiere dies, aber ich habe zwei Bedingungen.
> Sie schreiben Herrn Dr. Feldkirch keine kritischen Emails mehr.
> Sie haben ihren Teil an Rückmeldung geleistet, jetzt sind andere dran.
> Wir haben ein Gespräch oder eine Telefonkonferenz mit Herrn Dr. Feldkirch, bei der Sie ihm berichten, was wir vorhaben. Mir geht es darum, dass er informiert wird. Er wird Veränderungen beobachten und ich möchte, dass Sie vorerst aus der Schusslinie kommen.
> Kunde: Sie verlangen viel von mir!
> Coach: Es tut mir leid.
> Kunde: (Mit Lächeln im Gesicht) Kein einziges Email?
> Coach: Keines mit kritischem Inhalt.
> Kunde: (die Hand hinhaltend) Auf gute Zusammenarbeit.

Abschließender Kommentar

Der Weg vom Anliegen zum Auftrag ist eine sehr Fehler behaftete Prozesstrecke. Coach und Kunde sind sich noch fremd und dies bedeutet, sie wissen ihre jeweiligen Kommunikationsangebote noch nicht zu lesen. Die Beteiligten müssen relativ komplizierte Verhandlungen führen. Verhandlungen, bei denen *harte* Informationen (z.B. kaufmännische Aspekte) mit *weichen* Informationen (z.B. Emotionen) kunstvoll vermischt werden. Sie sind zusätzlich oft durch zeitliche Belastungen beeinflusst. Der Coach möchte einen neuen Auftrag, und der Kunde hat in der Regel ohnehin chronischen Zeitmangel. Er hat unter Umständen einen akuten Veränderungsbedarf, seine Problemthemen präsent und drängt in Konsequenz auf einen schnellen Start. In Folge werden Wünsche und Vorstellungen zu hastig in eine Zielrhetorik gepresst, die sich später als nicht ausreichend durchdacht und mit zu wenig Sorgfalt bearbeitet herausstellen kann. Der Wunsch, seine Führungsleistungen verbessern zu wollen, kann eben sehr viele Bedeutungen haben. Vielleicht ist besseres Handwerkszeug gefragt, vielleicht wünscht sich der Kunde andere Mitarbeiter, vielleicht mehr Zeit für Führung, vielleicht führt er nur aus, was andere von ihm erwarten? Hierbei ist nicht zu vergessen, dass auch bei größter Sorgfalt die Auftragsklärung erst ein Anfang ist.

Markierungen

Unterscheide zwischen Anliegen und Auftrag

Beratungskommunikation beginnt mit dem ersten Kontakt

Aufträge sind das Ergebnis von Co-Produktion

Die Prozessstrecke vom Anliegen zum Auftrag ist voller kommunikativer Tücken und bedarf intensiver Reflexion.

Unterscheide zwischen dem, was jemand mitbringt, und dem, was ausgehandelt wurde.

Lauf vor keinem sichtbaren Dissens weg, denn er ist schneller als du.

Schlechte Aufträge kosten Zeit und viel Geld.

4 Von Hofnarren, Mountain Guides und Metaphern

> In meiner Narrheit fand ich
> Freiheit und Sicherheit:
> Die Freiheit der Einsamkeit und die
> Sicherheit vor dem verstanden werden
> *Khlail Gibran*

Coaching, was ist das? So oder ähnlich lauten allzu oft die Fragen mit denen wir konfrontiert sind. Nicht immer gibt es Zeit oder Interesse für unsere jeweilige Lieblingsdefinition, nicht immer gibt es Publikum für theoretische Ausführungen. Ob potentielle Kunden oder Neugierige wir müssen immer wieder nach Sprachbildern suchen, die schnell und prägnant über unser Tun Auskunft geben.

Business – Coaching kann sehr unterschiedliche Ausformungen haben. Die eine alles einschließende und erklärende Metapher kann es daher kaum geben. Je nach sprachlichen Vorlieben und dem generellen Gebrauch von Sprache, verwenden Coaches häufig unterschiedliche Metaphern.

Die Begrenzung hinsichtlich passend oder nicht passend, erklärend oder nicht erklärend liegt beim Kunden. Die weitere Benützung oder Annullierung des benützten Bildes hängt dann davon ab. Im Folgenden werden drei solche Sprachbilder ausführlich dargestellt.

Hofnarren

Coaches mit Hofnarren zu vergleichen, kann heftigste Widersprüche provozieren. Die eleganten Ladies im edlen Kostüm und die feinen Herrn im Zwirn mit Possenreißern zu vergleichen, ist vielleicht nicht ausreichend wertschätzend. Vielleicht wird diese Metapher auch der Bedeutung und den Einflussmöglichkeiten von Coaches nicht immer gerecht. Aber sie eröffnet eine andere Sichtweise, sie erlaubt Selbstironie und der Narr ist hierfür nicht die schlechteste Figur. Die mitprozessierte Ironie schafft Distanz zur eigenen Bedeutung. Der Spott zielt auf die Mantras der jederzeit beobachtbaren Eitelkeiten vieler Berater. Den König einen König sein zu lassen, sich in Folge nur als ratgebender Narr zu verstehen, erlaubt eine interessante Perspektive. Die Figur des freien Geistes verdrängt den Bückling vorführenden willigen Dienstleister.

Das Bild des Coaches als Narr an der Tafel des Königs verdanke ich einem mühevollen und erschöpfenden Gespräch mit einer Kollegin. Die ständigen Wiederholungen der Aussage: ... *ich coache nur Vorstände* hatte ich auf dem Weg nach Hause immer noch im Ohr und die Metapher des Narren gewann an Gestalt. Sie führte zu Erinnerungen an einen wunderbaren Götz George in der Rolle des Königs zu *Der König und sein Narr*, in dem Wolfgang Kieling den Narren gab. Die *DDR Könige* mochten diesen Film ihres Bürgers Frank Beyer überhaupt nicht; zu deutlich war der Spiegel, der ihnen vorgehalten wurde. Hofnarren sind Freigeister, Querdenker, manchmal kluge Zwischenredner und daher allzu häufig respektlos gegenüber allzu starrer Ordnung und Heldenverehrung. Sie verstören Ordnungen, führen andere Sichtweisen ein und argumentieren auch wieder dagegen. Im Gegensatz zu manchen Coaches können sie sehr verschwiegen sein.

Momos, der Gott der Kritik, nahm die olympischen Götter des alten Griechenland aufs Korn. Osmanische Sultane gaben den Narren Status Würde, Gehalt und Pension. Ab dem 14 Jahrhundert bildete sich ein eigenes Berufsbild und damit eine Abgrenzung zu Zauberern, Gauklern und fahrendem Volk. Selbst die Verbeamtung von Hofnarren ist überliefert (Wüthrich, Winter et al. 2002).

Hofnarren halten einen Spiegel vor

Ähnlich wie Hofnarren haben Coaches manchmal die Aufgabe, ihren Kunden den Spiegel vor die Nase zu halten. Ihr Sonderstatus, nämlich nicht am höfischen Wettbewerb teilzunehmen, Berater zu bleiben und nicht Vorstände werden, macht sie ungefährlich und so gewährt man ihnen Redefreiheit. Nutzen sie diese, um in die geölte Maschine des höfischen Nickens Sand und damit ein bisschen Unruhe zu bringen, ist ihr Wert kaum überschätzbar. Diese Redefreiheit – bei Hof und vor einem Gericht darf man bekanntlich nicht unaufgefordert frei sprechen – ist allerdings an eine Reihe an Bedingungen gebunden.

Der vorgehaltene Spiegel wird nur dann akzeptiert werden, wenn es keine Zweifel an der Rolle gibt. Nicht sein Spiegel oder gar seine Bezeichnung sondern die Zurückhaltung des Hofnarren gewähren ihm die Redefreiheit. Die Nichtbeteiligung am Ränkespiel, am Kampf um die nächste Position innerhalb des Unternehmens gibt dem Coach jene Distanz, die ihm freie Rede erlaubt.

Systemtheoretisch argumentiert ist der Narr zwar Aktant am Hofe, aber in seiner schwachen Verkoppelung ist die Interaktionsdichte zwischen ihm und den anderen höfischen Kommunikanten wenig ausgeprägt.

Hofnarren genießen Vertrauen

Hofnarren spielen niemals mit dem König ein falsches Spiel. Sie wissen, wenn sie in Ungnade fallen und der König erzürnt wird, kann sie das ihr Leben kosten. Hierin liegt der Wert der Narren, dies ist ihr Alleinstellungsmerkmal. Sie wollen Hofnarren und nur dies sein. Sie beteiligen sich nicht an Verschwörungen, an Palastrevolten oder Aufständen. Auch die Prinzessin bzw. der Prinz ist für sie tabu. Sie verharren in ihrem Status, bleiben neutral, kommentieren aus dieser Zone und lassen sich nicht verführen. Ihre Redefreiheit endet dann, wenn sie aufhören Ratgeber zu sein und anfangen gewährtes Vertrauen für eigene Interessen zu missbrauchen.

Wenn Coaches aufhören Coaches zu sein, setzen sie Zweifel an ihrer Brauchbarkeit in die Welt. Das Vertrauen in ihre Zuverlässigkeit schwindet, sie verlieren schnell an Bedeutung und manchmal den Kopf.

Für Berater bedeutet das, einen Kunden zu verlieren. Dies setzt dem Ehrgeizigen schmerzhafte Grenzen.

Hofnarren sind eine Brücke

Dort, wo Sicherungssysteme und höfische Abschirmstrategien die Könige von ihrem Volke trennen, sind Hofnarren die letzte Brücke. Wer den Referenten und Vorzimmerring durchbrochen hat und mit regelmäßigen Slots beim CEO geadelt wurde, darf dessen Narr werden und ihm sagen, was das *Volk*, der niedrige *Adelsstand* und sein *Hofstaat* – Direktoren und Vicepresidents – zu bemängeln haben. Hofnarren, die ihrem CEO, der vielleicht Milliarden vernichtete (Scheuch & Scheuch 2001), dies auch vor Augen führen würden, wären in ihrer Bedeutung kaum zu überschätzen. Solche Narren wären unbezahlbar.

Zur Verdeutlichung wird folgende Begebenheit beschrieben:

Ein CEO begibt sich auf Road show. Er will seine neu akquirierten Provinzen (Töchterunternehmen) und Legionen (Mitarbeiter) besuchen. Diese haben sich gründlich vorbereitet: der Stab hatte Zigarrenmarke, Rotweinsorte des gewünschten Jahrgangs und passendes Menü im Vorfeld abgestimmt. Privatjet und eine Kolonne an Dienstfahrzeugen mit Fahrern kamen selbstverständlich zum Einsatz. Der durch den Stab gebildete Ring um den CEO war dicht und gewährleistete es, dass de schwer Arbeitende nicht mit den hässlichen Seiten seiner *Provinzen* und *Legionen* konfrontiert wurde.

Er wurde selbst zu Kosten-Nutzen-Analysen dieser Reise nicht belästigt.

Der Leiter der Abteilung Controlling könnte diese erstellen, bedenkt jedoch eher das Risiko dabei, dass diese Offenheit für seinen eigenen Aufstieg bedeuten könnte. Der Hofnarr hingegen dürfte dem König die Kosten vorrechnen und es wäre ihm vielleicht sogar erlaubt, den CEO zu weniger Sonnenkönigsgehabe zu ermuntern, dafür zu mehr Bescheidenheit anzuregen. Dieser Coach würde sein eigenes Honorar erwirtschaften, zusätzlich Einsparungen anstoßen, die niemand weh täten, dafür

aber durch ihren Vorbildcharakter eine kulturelle Markierung darstellen würden.
Aber all dies sind natürlich nur Verrücktheiten von Hofnarren.

Metaphern – Eine Hinführung

Es gibt sehr viele Möglichkeiten Coaching zu beschreiben. Die Suche nach klaren, verständlichen aber ausdifferenzierten Sprachbildern in passender Länge ist mühsam und nicht immer erfolgreich. Trotz all dieser Widrigkeiten: Coaches leben von ihren Kommunikationsfähigkeiten. Fachwissen, Prozesssteuerung oder Interventionen, die nicht kommuniziert werden und damit dem Interaktionspartner nicht zur Verfügung gestellt werden, bleiben ohne Wert, mögen sie noch so genial sein. Der Interaktionsprozess zwischen Coaches und Kunden ist die Basis. Die damit geforderten Kommunikationsleistungen können kaum überschätzt werden.

Kommunikative Kompetenz (Schwertl 2001) berührt auch die altehrwürdige Kunst der Rhetorik. In ihr liegt der Schwerpunkt auf der Rede, der Ansprache, also dem Monolog. Coaches hingegen sind vor allem am Dialog orientiert, die fesselnde Ansprache mag eine Hälfte davon sein, aber erst die Antwort auf die Ansprache komplettiert das Geschehen. Der Gebrauch der prominentesten rhetorischen Figur, der Metapher, findet sich sowohl in der großen Rede als auch in der Kunst des Dialogs. Anfangs, während der Startoperation von Kommunikation wenn die Entscheidung für eine bestimmte Metapher gefällt wird, können wir noch von rhetorischem Geschick sprechen. Wird sie dann zum Inhalt von weiterer Kommunikation, zeigt sich darin die Kunst des Dialogs (Schwertl 2001). Hieraus folgt: Nur Metaphern, die anschlussfähig sind, bereichern Coachingprozesse. Metaphern, die nicht zum Inhalt von Dialogen werden, waren nicht passend und gehen verloren. Nur in der Retrospektive können wir daher entscheiden, ob eine Metapher hilfreich war. Sie ist nicht wahr, falsch oder richtig, aber sie kann als hilfreich : nicht hilfreich differenziert werden. Anschlussfähigkeit ist jedoch nicht mit sozialer Akzeptanz gleichzusetzen. Eine Metapher, die harschen Widerspruch und damit vielleicht Dialoge provoziert kann wertvoller sein als das Wiederholen des Mantras zu Wertschätzung, sozialer Erwünschtheit und Political Correctness, das im günstigsten Fall zu schläfrig machendem Konsens führt.

Metaphern sind übertragene Bedeutungen. Ein bestimmtes Sprachbild wird zur Bezeichnung einer anderen Gruppierung verwendet (z.B. die Beschreibung *Division* für eine militärische Einheit wird eingesetzt für eine betriebswirtschaftliche). Es bietet sich daher an, den Inhalt des Handwerkskoffers eines Coaches um den vielfältigen und möglichst geschickten Gebrauch von Metaphern zu erweitern. Breite Zustimmung wäre sicher, nur der Einwand, man wandere damit in die Niederungen der wenig präzisen Alltagssprache und verlasse die mit Seriosität belegte Fachsprache, steht dem entgegen. Ein genauerer Blick darauf zeigt jedoch, dass gerade harte Wissenschaften ihre zentralen Aussagen mit Metaphern stützen und verständlich machen. In der Mutter aller Wissenschaften der Physik ist z.B. von *schwarzen Löchern, galaktischem Rauschen* und dem *Urknall* die Rede.

Nietzsche hob die Metaphorisität jeder Sprachbildung hervor (Nietzsche 1969). Auch die präziseste Metapher führt nicht zur Übereinstimmung zwischen der Bezeichnung (der Sprache) und dem Bezeichneten. Es wird immer ein Unterschied bleiben. Der Gebrauch von Metaphern kann eine Reduktion dieser Differenz erreichen. Die Komplexität des Interaktionsprozesses stellt die Aktanten von Beratungskommunikation vor große Herausforderungen im täglichen Handeln. Es bedarf permanenter sprachlicher Komplexitätsreduktionen. Komplexitätsreduktion ist durch Verdichtung erreichbar (Hörisch 2005).

Genau dies kann das Spiel mit Metaphern leisten.

Metaphern in Kürze

Metaphern müssen (Debatin 2005, S. 31) „veranschaulichend, verlebendigend, begründend und orientierend wirken".

Sie operieren im Modus (von Glaserfeld 2005) des *Als- ob*. Dies bedeutet, wir benützen Metaphern *als ob* wir des Gewinns an Verständigung sicher sein könnten. Eine bestimmte Atmosphäre mit Grabesstille zu attribuieren, beinhaltet die Erwartung, damit diese spezifische Situation präziser als mit anderen Bezeichnungen zu beschreiben.

Metaphern stellen eine sprachliche Verdichtung dar. Ernst Jünger verdichtet in seinem Kriegstagebuch das Szenarium Gewitter mit der Erfahrung des sich im Kugelhagelbefindens zur Metapher des *Stahlgewitters*.

Metaphern können einzelne Worte, Zusammensetzungen, Halbsätze, eine Abfolge von Sätzen oder in Worte gefasste komplexe Bilder sein.

Das Sprachspiel mit Metaphern muss so konzipiert sein, dass es in der Erfahrungswelt des Kommunikationspartners eine Verankerung findet. Den buddhistischen Grundbegriff *Karma* als Metapher zu benützen macht nur Sinn, wenn der Partner den Begriff einordnen kann.

Metaphern müssen Beratungskommunikation und entsprechende Metakommunikation erleichtern.

Benützt man Metaphern als Intervention, müssen sie zielführend sein (z.B. anregend oder beruhigend). Ob sie dies sind, entscheidet der Kunde, hier kann es nur *Versuch und Irrtum* geben.

> Aktanten halten Metaphern dann für gewinnbringend, wenn mit ihnen ein Gewinn an Genauigkeit einhergeht. Tun sie dies nicht, sind sie zurück zu nehmen.
>
> Eine Metapher bildet man, in dem man die wörtliche Bedeutung aus einer Situation extrapoliert und zur Erklärung einer anderen Situation benützt (von Glaserfeld 2005, S. 151), wobei die neue Attribution indirekt bleibt.
>
> Jede Metapher sollte möglichst viele vorhandene Informationen in das gewählte Sprachbild integrieren. Sie sollte mit einem präzisen, kurzen und prägnanten Begriff, Halbsatz oder Satz das gesamte Bild sprachlich einfassen.
>
> Soll die Metapher prozesshaftes Geschehen, wie z.B. einen Coachingprozess abbilden, müssen mehrere Analogien in einem Sprachbild sichtbar sein.

Dummies

Jede Metapher hat Elemente des Zufalls. Im Falle des Jüngerschen Beispiels muss zum Gewitter auch das Bild des Kugelhagels zur Verfügung stehen. Sowohl vorhandene als auch spontan gebildete Begrifflichkeiten können Basis einer Metapher sein. Der Akteur trifft die Entscheidung, diese und keine andere Verknüpfung zu erstellen. Die Entscheidung bleibt kontingent. Eine gewinnbringende Metapher für einen Coachingprozess sollte erklärend wirken, d.h. prozesshaftes Geschehen, Interaktion und den Charakter von Co-Produktion zum Ausdruck bringen. Mit dem Tool Coaching-Dummy entleiht sich Staubach (2007 b) eine Metapher aus der Unfallforschung der Autoindustrie. Dort werden mit Dummies Verkehrsunfälle inszeniert. Fahrzeugverformungen und an eine Puppe angeschlossene Messinstrumente liefern Daten über die spezifischen Beschädigungen. Sicherheitsgurte und Airbags wurden auf dieser

Grundlage entwickelt. Die Autorin macht sich für dieses Format eine Metapher zunutze. In Beratungskommunikationen werden spezifische organisationale Abläufe antizipiert und die Ergebnisse mit den Kunden reflektiert. Der Vorgang kann als *verbales Probehandeln* bezeichnet werden. Die Technik des Coaches besteht darin, in die idealtypischen Abläufe der Organisation mögliche Abweichungen einzubauen. Vorzugsweise werden Abweichungen angeboten, die laut Plan nicht vorkommen, denen aber eine gewisse Auftretenswahrscheinlichkeit nicht abgesprochen werden kann. Operative Fiktionen werden strategisch im Sinne von *angenommen, es wäre ...* [39] eingesetzt. Das Procedere der Unfallforschung wurde als Metapher für die Entwicklung dieses Coachingtools verwendet.

Der Coach als Mountain Guide

Sicherlich würden Seefahrt, Mannschaftssport oder vergleichbare soziale Ereignisse ebenfalls passende Bilder bereitstellen. Die Suche nach einem stimmigen, anschlussfähigen und komplexen Bild führte über die Expeditionsmetaphorik dazu, den Coachingprozess mit einer Mountain Guide geführten Bergtour zu vergleichen. Die folgende Abbildung und Ausführungen sollen die Auswahl und Nützlichkeit dieser Metapher untermauern.

---

[39] Die Übersetzung der operativen Funktion verdanke ich einer persönlichen Mitteilung von S.J. Schmidt.

Abbildung 9: Coaching und Mountain Guide

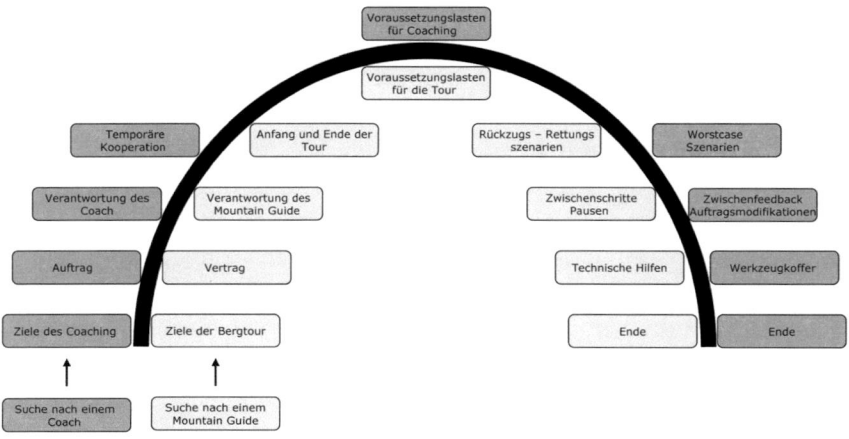

Dienstleister suchen Kunden – Kunden suchen Dienstleister

Sowohl Coaches als auch Mountain Guides sind darauf angewiesen, von Kunden *gefunden* zu werden. Ob dies auf Empfehlungen hin geschieht oder auf passende Hinweise ist im späteren Prozess nicht mehr relevant. Beide haben jedoch nur sehr begrenzt die Möglichkeit sich aktiv anzubieten. Sie können Informationen über sich und ihre Leistungen über relevante Medien (z.B. im Internet) zur Verfügung stellen. Jede zu schrille Selbstdarstellung würde aber den notwendigen Vertrauensaufbau bereits in der ersten Vorauswahl erschweren. Zufriedene und empfehlende Kunden, gut erreichbare Informationen und Fachpublikationen sind neben der Qualifikation in beiden Berufen wichtige Voraussetzungen. Der Weg der Empfehlung ist eine schwierige und erst langfristig wirkende, wenngleich konkurrenzlose Strategie. Auch wenn es jeglicher Effizienz–, Marketing– und Schnelligkeitsrhetorik widerspricht, zufriedene Kunden, die für ihre Dienstleister durch Empfehlung das Marketing übernehmen, bieten mehr Ästhetik als jegliche Marktschreierei. Da in beiden Fällen, wenn auch in unterschiedlicher Weise, große Nähe zwischen Kunde und

Dienstleister entsteht, wird ein hohes Maß an Vertrauen zur Voraussetzung. Aktiviert das erste Kommunikationsangebot bereits Zweifel, wirkt es kontraproduktiv. Das Abbrechen eines Coachingprozesses oder einer Bergtour ist unangenehm und wird möglichst vermieden. Dies führt zusätzlich zu großer Vorsicht der Kunden. Seilgefährten für schwieriges Gelände und Dialogpartner für diskrete Themen sucht man mit Sorgfalt im Vorfeld aus. Konkret bedeutet dies: damit es überhaupt zu Verhandlungen über einen möglichen gemeinsamen Prozess kommen kann, muss die einstweilige Überzeugung vorhanden sein, den richtigen Partner für eine nähere Prüfung gefunden zu haben.

Geführte Touren und der Nachweis relevanter Ortskenntnisse des Mountain Guides (z.B. *seit zehn Jahren geführte Piz Palü Überschreitungen*) haben in der Referenzliste des Coaches ihre Entsprechung. Das Nadelöhr besteht in der Lesefähigkeit der jeweiligen Referenzliste. Was bedeutet eine *Palü Überschreitung* oder *Karrierecoaching im IT Bereich*.

Der Beratungskommunikation vorausgehende Fragen für Kunden

- Wofür suche ich einen Coach?
- Was soll er können (was ich nicht kann)?
- Was bin ich bereit zu investieren?
- Kenne ich jemand, der eine Empfehlung ausspricht?
- Sind meine Erwartungen erfüllbar?
- Welche Prüfgrößen zur Erfolgsmessung stehen mir zur Verfügung?
- Bin ich bereit, in Suche und Auswahl zu investieren?
- Passen seine Stilmittel zu mir?
- Welche Stilmittel wünsche ich mir?
- Kann ich zu diesem Coach Vertrauen entwickeln?
- Bietet er mir hinsichtlich seines Vorgehens und seines Geschäftsmodells die nötige Transparenz?
- Möchte ich von diesem Coach beraten werden?

Kernfragen für den Coach

- Wie kam der Anfragende auf mich?
- Passt die Anfrage des Kunden zu meinem Profil?
- Was sind seine Ziele?
- Sind seine Ziele erreichbar?
- Erfüllt der Kunde die Voraussetzungen für seine Ziele?
- Was weiß ich über den Kunden?
- Passen die mir zugedachten Stilmittel zu mir?
- Gestaltet sich die Vertragsverhandlung schwierig?
- Passe ich zu den Erwartungen des Kunden?
- Gibt es andere Personen, die Einfluss auf den Prozess nehmen werden?
- Ist ausreichend Vertrauen vorhanden oder kann Vertrauen entwickelt werden?
- Möchte ich mit diesem Kunden arbeiten?

Ziele und Abbrüche

In Anbetracht der, in der Fachwelt vorherrschenden, Rhetorik zu Ziel- und Auftragsklärung könnte man davon ausgehen, dass das Tätigwerden eines Coaches bzw. Bergführers ohne exakte, mehrfach geprüfte Zieldefinition kaum vorstellbar ist.

Hier sei kurz widersprochen:

Grundsätzlich ist die Begleitung durch den jeweiligen Dienstleister auch ohne vereinbarte Ziele vorstellbar und möglich. Der Bergführer als eine Art Lebensversicherung, als Ortskundiger, als Substitut für den nicht vorhandenen Seilpartner des Kunden, aber ohne explizite Zielvereinbarung ist natürlich denkbar.

Der Business- Coach als Begleiter durch das berufliche Alltagshandeln, als *Stand-by Dienstleister* , als konsultierbarer Hofnarr, als Gesprächspartner in den sozialen Eislagen hierarchischer Spitzenpositionen wirkt fast sokratisch, ist aber prinzipiell denkbar. Hierbei geht es, dies sei betont, nicht um die Häufigkeit solcher Beauftragungen sondern um die Hervorhebung des Möglichen.

Erscheint weitere Beratungskommunikation als *mehr desselben* wird der Prozess losgelöst von Zielen beendet.

Die Besteigung des Matterhorns über den Normalweg hingegen beginnt im sicheren Terrain und endet auch dort, die Zielerreichung lässt sich sehr gut überprüfen. Die Lösung eines Konfliktes zwischen der Geschäftsführerin einer GmbH und einem Abteilungsleiter wäre vergleichbar. Coaches haben gegenüber Mountain Guides hinsichtlich der Ziele einen wesentlichen Vorteil. Bergtouren werden komplett vereinbart (*Matterhorn Normalweg und zurück*). Jede Abweichung und jeder Abbruch würde entsprechende Kommunikationsleistungen von beiden Seiten verlangen. Coachingprozesse können hingegen, ohne damit Qualitätsverluste zu erleiden, von Interview zu Interview vereinbart werden. Der Kunde bestätigt damit immer wieder seine Bereitschaft zur Fortsetzung oder er tut dies eben nicht. Bei Beendigung geht es dann um eine Einordnung, eine Bewertung des Endes.

Auftrag und Vertrag

Das gemeinsame Verständnis über den Auftrag stellt eine Art Kompass für den weiteren Prozess dar. Die Beteiligten haben gemeinsame Vorstellungen über Taktung, Ziele, Schwierigkeitsgrade, Möglichkeiten des Abbruches und Kosten. Die beiden Dienstleistungen, Coaching bzw. Guiding, sind in ihrer Ausformung der Vertragsgestaltung nicht vergleichbar. Trotzdem hängen das Gelingen und vor allem der Umgang mit schwierigen Passagen ganz wesentlich von der Klarheit dieser Vereinbarungen ab. Als klar bezeichne ich Verträge dann, wenn nicht nur Einigkeit über das Vereinbarte sondern auch Einigkeit über das Verständnis der Vereinbarung herrscht. In beiden Dienstleistungen ist aber letztlich diese Klarheit erst dann bestätigt, wenn sie sich im Laufe eines konkreten Prozesses als praxistauglich erwiesen hat. Kunden und Dienstleister bringt dies in eine missliche Lage. Sie müssen sich für oder gegen einander entscheiden, ohne alle Möglichkeiten des Misslingens an Kommunikation ausschließen zu können.

Wer trägt welche Verantwortung?

Die Verantwortung eines Coaches bezieht sich immer auf die Gestaltung des Prozesses. Nur in der konkreten Gestaltung des Prozesses kann er Einfluss nehmen und somit Verantwortung tragen. Der Kunde übernimmt die Verantwortung für die Entscheidungen und Verhaltensweisen, die er jenseits des Coachingprozesses trifft. Entscheidungen oder Handlungen, soweit sie im Coachingprozess überhaupt thematisiert werden, können Gegenstand von Reflexion sein, aber die Verantwortung bleibt beim Kunden. Vergleichbar ist die Verantwortung des Mountain Guides. Die Auswahl der Tour, die Entscheidung zum vorzeitigen Abbruch oder der Wechsel der Route, die Art der Sicherung wären die Prozessschritte, die ein Mountain Guide bestimmen oder beeinflussen kann, hierfür trägt er die Verantwortung. Die dem Bergsport innewohnenden Gefahren schließen die Organisation von notwendigen Rettungsmaßnahmen mit ein[40].

Bewältigung der Voraussetzungslasten

Die erfolgreiche Gestaltung des jeweiligen Prozesses fordert eine Bewältigung der jeweiligen Voraussetzungslasten. Dies bedeutet, dass Coaches und Bergführer ihre eigenen Voraussetzungslasten und die ihrer Kunden kennen müssen. Nicht jede zahlungswillige Person ist als Kunde für Business-Coaching bzw. für das Besteigen des Matterhorns geeignet. Dies zu erkennen und zu akzeptieren ist ein wichtiges Qualitätskriterium des jeweiligen Dienstleisters. Eine Führungskraft, die zu keinerlei Reflexion

---

[40] Im Falle von Unfällen mit Personenschäden kommt es in den Alpenländern automatisch zu einer polizeilichen Untersuchung über das Verhalten des Mountain Guide.

ihrer Handlungsweisen bereit oder fähig ist, sich aber ab dem späteren Vormittag mit hochprozentigen Alkohol betäubt, erfüllt nicht die Voraussetzungen für Coaching. Die Handhabung der Voraussetzungen ist auf das Engste mit Verantwortlichkeiten verknüpft. In diesem konkreten Beispiel würden sie darin bestehen, Coaching zu verweigern, um dafür Vermittler für eine therapeutische Bearbeitung des Alkoholproblems zu sein. Coaches, die wider besseres Wissen sich unter der Flagge des Business-Coaching als Therapeuten probieren, erfüllen die an sie gestellten Voraussetzungen nicht.

Die Voraussetzungslasten des Mountain Guide beziehen sich auf andere Felder. Beispielhaft wären Schwierigkeiten der Tour, alpine Fähigkeiten der Beteiligten und Wetterkunde zu nenren.

Szenarien: Feedback – Rückzug – Worst case

Die Tragfähigkeit der Metapher zeigt sich hier besonders deutlich. Sowohl der Prozess der Bergbesteigung als auch der des Coachings lassen sich als ein Navigieren durch schwieriges Gelände (eine weitere Metapher) beschreiben. In beiden Prozessen gilt es, regelmäßig den Gang nach vorn anzuhalten. Die Entscheidung gemeinsam weiter zu gehen ist hier erneut zu bestätigen bzw. ist über ein Rückzugs- oder Abbruchszenario zu verhandeln. Die gesamte Wegstrecke ist durch markante Etappen zu unterteilen, die durch Unterbrechungen und Zwischenbilanzen versehen sind. Was für die Piz Palü Überschreitung die Erreichung des Ostgipfels beinhaltet, stellt für die neue Führungskraft das erste Feedback durch den Vorstand dar.

Beide Dienstleistungen müssen über Abbruchs- und Rückzugsszenarien verfügen. Es liegt zutiefst im Wesen dieser beiden Dienstleistungen, dass die Ziele nicht immer erreichbar sein können. Für beide Professionen gilt, dass anders lautende Versprechen ein deutlicher Hinweis auf Unseriosität sind.

Temporäre Kooperation

Business-Coaching und Mountain Guiding sind durch einen Anfang und ein Ende begrenzt. Einmal beschreiten die beiden Partner im metaphorischen Sinne und zum anderen Mal im konkreten Sinne ein Stück Weg gemeinsam. Das entstandene Vertrauen, das gemeinsame Ringen um die Ziele und die Bewältigung schwieriger Sequenzen lassen oft Nähe entstehen, die an den Erhalt dieser Beziehung denken lässt. Im Einzelfall mag dieser Transfer von einer professionellen temporären Kooperation zu einer persönlichen Verbindung gelingen. Dies ist jedoch der Sonderfall. Die Regel wird sein, dass die Kooperationspartner nach Zielerreichung (oder auch früher) die Kooperation auflösen. Die Form, die hierfür gewählt wird, kann sehr verschieden sein. Sie wird Einfluss darauf haben, ob zu einem späteren Zeitpunkt ein neues Kooperationsverhältnis entstehen kann. Neben diesem Marketing orientierten Argument ist auch aus Gründen des Stils eine gewisse Sorgfalt angebracht.

Als Bergsteiger habe ich in der Regel Dankbarkeit empfunden, Dankbarkeit für das, was möglich war, und für die Erfahrung von Grenzen. Als Coach beobachte ich gerne die Freude die Kunden zeigen, wenn sie ihr Ziel erreicht haben.

Welcher Art von Business-Coaching entspricht die Metapher?

Business-Coaching wird in unterschiedlichsten Ausformungen mit sehr unterschiedlicher Aufgabenstellung angeboten (Rauen 2005).

Zielsetzungen, Kontexte, zugeordnete Funktionen und handelnde Personen ergeben sehr verschiedene Prozessdynamiken. Dies bedeutet, dass metaphorische Verdichtung keineswegs mit einer Metapher auskommen kann. Der Coach als Mountain Guide ist vor allem in Konfliktsituationen, langwierigen schwierigen Prozessen oder in wenig überschaubaren komplexen Situationen angebracht. Immer dann, wenn sich Coaching als Begleitung durch schwieriges Gelände skizzieren lässt, ist die Metapher passend. Dies kann sich auf die zu bewältigenden fachlichen Aufgaben oder die hierbei geforderten sozialen Kompetenzen - z.B. Führungsaufgaben – beziehen. Hiermit tritt die Frage, wann eine Metapher hilfreich bzw. qualitativ hochwertig ist, in den Vordergrund. Ob sie passend war, wird der Interaktionspartner entscheiden, aber diese Erkenntnis entbindet nicht vom größtmöglichen kommunikativen Bemühen.

> **Markierungen**
>
> Die Verwendung einer Metapher sollte mit einer knappen Skizzierung eine präzise Beschreibung erzielen.
> *Ich spiele des Teufels Advokat.*
>
> Die Komplexität des Coachingprozesses wird durch die mit der Metapher erreichte Verdichtung fassbarer und leichter beschreibbar.
> *Ich begleite Sie durch schwieriges Gelände.*
>
> Die Einführung einer Metapher erlaubt eine andere Sichtweise.
> *Ich bin eine Art Hofnarr für Sie.*
>
> Die gemeinsame sprachliche Fläche der Interaktionspartner vergrößert sich. Es gibt mehr Übereinstimmung. Die Interaktionspartner verständigen sich innerhalb der Metapher
> *Was würden Sie mir als Hofnarr zu meiner Roadshow erzählen?*
>
> Die Verständigung gelingt schneller, ohne dass dies mit einem Verlust an Präzision bezahlt wird.
> *Führen Sie mich durch dieses unwegsame (kommunikative) Gelände.*
>
> Metaphern können in Beratungskommunikation, aber auch in Metakommunikation eingesetzt werden.
> *Sind Sie für Ihren Kunden mehr Hofnarr oder eher Mountain Guide?*

5 Coaching oder Entlassung

> Handle stets so,
> dass die Anzahl der
> Wahlmöglichkeiten
> größer wird.
>
> *Heinz von Foerster*

Im strengen Sinne geht es im folgenden Beitrag nicht um die Trennung von einer Führungskraft sondern um Beratungskommunikation über Unternehmenskommunikation. Unternehmen lassen sich systemtheoretisch als Sozialsysteme innerhalb des Systems Wirtschaft verstehen (Schmidt 2003). Kommunikationen sind dem zu Folge Unternehmensaktivitäten. Beratungskommunikation, die möglicherweise Veränderungen von Unternehmenskommunikation zur Folge hat, steht dadurch unter ganz besonderer Beobachtung, nimmt sie doch Einfluss auf Unternehmensaktivitäten. Entweder bleibt Coaching ohne Wirkung – dann stellt sich die Frage nach seiner Bedeutung – oder es wird zu einer Art Unruhestifter, denn angestoßene Veränderungen bedeuten andere Unternehmensaktivitäten. Zusätzlich signalisiert dieses Beispiel, dass Business-Coaching in seiner Wirkung nur schwer von anderen Veränderungsprozessen abgrenzbar ist. Die Praxis zeigt, Veränderungsprozesse führen in Folge zu Coachinganfragen und erfolgreiches Coaching stößt – obwohl nicht immer im Auftrag vorgesehen – Veränderungen an. Erfolgreiche Kommunikation ist folgenreiche Kommunikation (Luhmann 1990).

Die Ausgangslage

Innerhalb eines langfristigen Changeprozesses – Kunde war ein großes Mittelstandsunternehmen aus dem Bereich Geländefahrzeuge und innerhalb seiner Nische Weltmarktführer – kam es zu Überlegungen, den

Bereichsleiter für Konstruktion und Entwicklung zu ersetzen. Die wesentlichen Klagen bezogen sich auf Führungsschwäche, wenig erfolgreiche Kooperation mit anderen Bereichen und fehlende Durchsetzungskraft. Verschärft war die Situation dadurch, dass gerade dieser Bereich, neben dem Bereich Vertrieb, als der wichtigste für weitere Entwicklungsschritte des Unternehmens angesehen wurde. Der Bereichsleiter würde diesen Anforderungen, so die Klagen, nicht genügen. Diese Behauptungen waren nicht neu, sie wurden immer wieder Thema, verschwanden aber auch wieder. Fehlende Kooperation und Spannungen zwischen Konstruktion und Entwicklung auf der einen und Vertrieb auf der anderen Seite trieben manch seltsame Blüte. Der Vertrieb versprach Kunden den Verkauf von Spezialanfertigungen, die aus physikalischen Gründen nicht baubar sind. Die durch Physik gegebene Unmöglichkeit galt jedoch als Beweis für die Unbeweglichkeit des Konstruktionsbereiches.

Im Rahmen einer Besprechung mit dem Vorstandsvorsitzenden klagte dieser über die skizzierte Thematik. Am Ende stand der Satz: „Suchen Sie sich einen Personalberater; er soll uns Kandidaten präsentieren und Sie helfen mir dann bei der Auswahl." Der Berater erbat sich Bedenkzeit mit dem Hinweis, dass es vielleicht zur Trennung auch eine Alternative geben könnte.

Hypothesenbildung

Herr Brauer[41] galt bei seinen Mitarbeitern als hochgeschätzte Führungskraft. Seine ausgeprägte Fürsorglichkeit und hohe soziale Kompetenz wurden hierfür ins Feld geführt. Innerhalb seines Bereiches herrschte ein ausgesprochen gutes Klima und die Personalfluktuation war gering. Er war in höchstem Maße mit dem Unternehmen identifiziert. Seine Arbeitsergebnisse waren deutlich besser als sein Ruf. Die Ergebnisse wurden dramatisch schlechter, wenn hierfür, auf Grund von hoher Vernetzung, hohe Kooperationsleistung mit anderen Bereichen notwendig

---

[41] Name wurde geändert

wurde. Wie mehrfach kolportiert, wurde Herr Brauer von einem Teil der anderen Bereichsleiter wenig respektiert. Je mehr Informationen durch den Berater generiert wurden, um so deutlicher und schärfer wurde der Widerspruch. Quasi als Nebenergebnis stellte sich heraus, dass Herr Brauer den Status eines Bereichsleiters zweiter Klasse inne hatte. Alle Bereichsleiter waren mit Prokura ausgestattet und fuhren einen Dienstwagen, nur Herrn Brauer wurde dies verwehrt. Führungskräfte benötigen ihre sozialen Unterschiede in Form von Symbolen. Militärische Rangabzeichen, die hierarchische Einordnungen in der Armee garantieren, werden in der Wirtschaft durch Symbole wie Prokura, Dienstwagen, Größe des Bereiches, Zugang zum Vorstand oder Größe der Entourage belegt. Fehlende Prokura eignet sich hervorragend, um Kollegen entsprechend gering schätzend einzuordnen. Herrn Brauer waren solche Rangkämpfe zuwider, er entzog sich.

Nach Abschluss der Informationsgewinnung wurden innerhalb des Beratungsunternehmens, mit Hilfe nicht beteiligter Kollegen, Hypothesen über das Geschehen entwickelt. Diese Hypothesen sollten die Legitimation und Begründung für die Empfehlung an den Vorstand darstellen.

Hypothesen als Leitlinien für Beratungskommunikation

- Das hierfür benötigte Team besteht aus mindestens drei bis höchstens sechs Personen. Der für den Beratungsprozess verantwortliche Coach informiert über den Sachverhalt. In einem zunächst wenig geordneten oder reglementierten, aber kreativen Prozess werden von den Beteiligten Hypothesen generiert. Der Informationsgeber ist während der Hypothesenbildung nur beobachtender zuhörender Teilnehmer.
- In einem zweiten Schritt werden die Hypothesen mit dem Informationsgeber erörtert. Das Ziel besteht darin, mit der Hypothese möglichst viele Einzelinformationen sinnvoll zu erklären. Hypothesen, die nicht durch Daten belegbar sind, werden als zweitrangig angesehen.

- Der Verantwortliche unterscheidet, entweder in Übereinstimmung oder in Abweichung zu den Kollegen, welche Hypothesen er berücksichtigen wird.
- Zu einem späteren Zeitpunkt werden die weiteren Teilnehmer über den Fortgang unterrichtet und erhalten Rückmeldungen dazu, ob und wieweit ihr Beitrag hilfreich war.
- In einem letzten Schritt werden Qualität und Erfolg des Beratungsprozesses auf einer Skala von 0 bis 10 von den Teilnehmern bewertet.

Die entwickelten Hypothesen:

- Auf der Ebene der Bereichsleiter dominiert eine Kultur der gegenseitigen Entwertung, die zur geographischen Besonderheit der Einzelnen stilisiert wird (*So sind wir ...!*).
- Es gibt kaum Bereitschaft zu kooperieren. Absprachen, gemeinsame Meetings und gemeinsame Projekte werden offen oder auf subtile Weise sabotiert.
- Herr Brauer ist als Person um Kooperation bemüht, scheut jedoch Auseinandersetzungen, konzentriert sich auf seine Sachaufgaben und vermeidet deutliche Positionierungen.
- Jede Klage von Kunden ob berechtigt oder nicht, wird unter Hinweis auf die Macht der Endverbraucher dem Bereich Konstruktion und Entwicklung schuldhaft zugerechnet.
- Die Unterschiede in den gewährten Statussymbolen unterstützen die beobachtbaren Entwertungen.

Die Empfehlung an den Vorstand im Wortlaut

Herrn Brauer durch einen anderen Bereichsleiter zu ersetzen wäre ein möglicher Weg, um mittelfristig dem Bereich Konstruktion und Entwicklung jenes Gewicht auch innerhalb des innerbetrieblichen Gefüges zu geben, das ihm entsprechend seiner strategischen Ausrichtung zusteht. Wir möchten Ihnen jedoch zuvor einen Versuch empfehlen, der fast ohne Risiko realisierbar ist. Es handelt sich um vier Schritte:
(1) Herr Brauer wird in einem Gespräch mit den Erwartungen und Forderungen des Vorstandes konfrontiert. Es werden kurzfristig und mittelfristig zu realisierende Ziele vereinbart.
(2) Zur Erreichung dieser Ziele wird er durch Coaching unterstützt. Der Coach unterrichtet Sie nach dem ersten Gespräch über die einzelnen Schritte und informiert Sie danach in kurzen Zeitabständen.
(3) Nach drei Monaten findet eine Auswertung statt mit dem Ziel Herrn Brauer entweder den anderen Bereichsleitern gleichzustellen oder sich von ihm zu trennen.
(4) Mit diesem Prozess wird des Weiteren eine generelle Führungskräfteentwicklung initiiert, die alle Führungskräfte betrifft.
(5) Das Vorhaben wird durch den Vorstand in Absprache mit dem Betriebsrat als Projekt des Vorstands publiziert.

Der Vorschlag wurde wie folgt begründet:

Die Untersuchungen ergaben sehr viel mehr überzeugende Managementleistungen von Herrn Brauer als kolportiert wird. Selbst unsinnige Behauptungen bleiben unwidersprochen im Raum. Es dominiert ein weitgehend isoliertes Bereichsdenken. Kooperationsangebote werden als Schwäche ausgelegt.

Die Legenden der Unternehmensgeschichte, das Image der Produkte und der Wert konservativer Bodenständigkeit fördern den Mythos des einsamen, kommunikationsarmen Kämpfers.

Eine solche Kultur ist mit Weltmarktführerschaft kaum vereinbar.

Die Auswechslung von Herrn Brauer käme einer Oberflächenkosmetik gleich. Sie wäre mit hohen Kosten verbunden und man würde sich von einem mit dem Unternehmen hochgradig identifizierten Mitarbeiter mit hervorragender fachlicher Qualifikation trennen. Die Möglichkeit, dass auch ein neuer Bereichsleiter mit erheblichen Kommunikationsschwierigkeiten zu kämpfen hätte, darf nicht unterschätzt werden. Die Kosten der vorgeschlagenen Maßnahme bleiben deutlich unter den Kosten eines personellen Wechsels.

Der Vorschlag wurde vom Vorstand nach anfänglicher Überraschung und einigen skeptischen Nachfragen akzeptiert. Die bisherige Zusammenarbeit und ein gewisser Vertrauensbonus dürften dabei nicht ohne Einfluss gewesen sein.

Kommentar
Der vorgetragene Vorschlag beinhaltete eine Soll-Bruchstelle. Sollte die gewünschte Entwicklung nicht eintreten oder der Kunde, unter dem Druck der Ereignisse, den Lockungen verschiedener Personalberater nachgeben und das Unternehmen verlassen, würde der Plan in Misskredit geraten. Der Kulturwandel würde unter Umständen gestoppt werden.

Je deutlicher das Gewicht auf einen alle Führungskräfte betreffenden Wandel gelegt wird, um so unwahrscheinlicher sind singuläre Verwerfungen. Coaching zielt dann nicht mehr auf Problembeseitigung sondern auf Entwicklung.

In Verbindung mit dem Prozess der Führungskräfteentwicklung wäre damit ein kultureller Wandel verbunden. Es würde eine Umstellung erfolgen von WARUM-Fragen, d.h. Erforschung von Ursachen, auf WIE-Fragen, d.h. Erforschung erfolgreicher Muster. Mögliche Lösungen können dann an Hand der Leitfragen WER, WAS, WO, WANN, WIE konzipiert und verbindlichen Absprachen zugeführt werden. Des Weiteren bedeutet die Fokussierung auf den Kontext, dass ein großes Augenmerk auf die Frage gelegt wird, welche Bedingungen die Erbringung der gewünschten Leistung fördern und unterstützen, welche Voraussetzungen gegeben und welche Kooperationen gesichert sein müssen, damit Zielerreichung möglich wird.

Der Coachingprozess

Der Coach war zum Gespräch des Vorstandsvorsitzenden mit Herrn Brauer anwesend. Seine Forderungen bestanden aus drei Punkten.

- Die Produkte sind geprägt von eigenen Entwicklungen und technischen Innovationen. Wir waren bisher immer schneller als die Wettbewerber. Dies muss auch in Zukunft gewährleistet sein.
- Hieraus ergibt sich die herausragende Stellung des Bereichsleiters Konstruktion und Entwicklung.
- Herausragend meint hier:
  - Ergebnisse
  - Kooperationsfähigkeit
  - Technische Expertise für den Vorstand
  - Primus inter pares innerhalb der Bereichsleiter

Alle Beteiligten waren überrascht, denn dies bedeutete nicht mehr und nicht weniger, als eine Entwicklungstrecke vom Sündenbock zum Ersten unter Gleichen zu bewältigen. Die Anforderung, aber auch die damit verbundenen Chancen wurden deutlich. Es ging um Alles oder Nichts. Zwischen dem Coach und Herrn Brauer wurden die folgenden Punkte als relevant für den Auftrag vereinbart:

- Vorbildhafte Führungsleistungen innerhalb des eigenen Bereiches
- Einführung von Zielvereinbarungen und Mitarbeitergesprächen
- Kooperationsangebote an andere Bereiche
- Deutliche Abgrenzung gegenüber Entwertungen durch andere Bereichsleiter
- Aufbau eines direkten Rückmeldesystems von Kunden zur Abteilung für Qualitätskontrolle

- Nicht überwindbare Schwierigkeiten wie z.B. Kooperationsverweigerungen sollten sofort an den Vorstand berichtet werden.

Die ersten Gespräche zwischen Coach und Herrn Brauer bestätigten den vorhandenen Eindruck: Die Führungsleistungen von Herrn Brauer waren weder von der investierten Zeit, noch von der etablierten Regelkommunikation, noch von der Nachhaltigkeit als unbefriedigend anzusehen. In allen Parametern äußerten sich die Mitarbeiter überwiegend positiv. Die Klagen bezogen sich, wie bereits bekannt, vor allem auf Querschnittprojekte und hierbei auf die fehlende Kooperation mit den anderen Bereichen.

Innerhalb des Bereiches von Herrn Brauer konnte kurze Zeit nach Beginn des Coachings verstärkter innerer Zusammenhalt und Widerstand gegen Entwertungen durch andere Bereiche beobachtet werden. In Managementrunden klagte Herr Brauer immer deutlicher, unterstützt von seinen Abteilungsleitern, Verbesserung von Kooperationsleistungen ein.

Die abstrakten Kooperationstheoreme von Axelrod (Axelrod 1984) wurden dem Kunden in Form alltagstauglicher Kernsätze zur Verfügung gestellt. Diese sind als Denkangebote zu lesen. Diese Thesen zur Kooperation werden dem Coachingkunden schriftlich vorgelegt und mündlich erklärt. Es bleibt dem Kunden überlassen, sich daran zu orientieren.

Mit Herrn Brauer wurden die Kooperationsstrategien im Detail nach einem bestimmten Plan durchgesprochen. Der Leiter des Bereichs Service und Vertrieb, jener Bereich, mit dem es die größten Kooperationsprobleme gab, wurde kurze Zeit später von Herrn Brauer zu einem Gespräch eingeladen. Hierbei schlug Herr Breuer vor, einen gemeinsamen Workshop zur Verbesserung der Kooperation zu veranstalten. Der Bereichsleiter Service und Vertrieb, lehnte dies zunächst mit der Begründung ab, an ihm würde es nicht liegen. Herr Brauer informierte ihn, dass er dann einige seiner Teilziele nicht erreichen könne und darüber den Vorstand zu informieren hätte. Kurze Zeit später konnte die gewünschte Einigung erzielt werden. Der Workshop führte umfassenden Vereinbarungen und gegenseitigen Verpflichtungen. Wie mit dem Coach im Detail besprochen, bestand Herr Brauer darauf, den Vorstand über diese Vereinbarungen zu informieren.

Kein Ende, aber ein vorläufig letzter Blick

Herr Brauer nahm zunächst bereichsintern einige Umstellungen vor, um zeitliche Freiräume einrichten zu können. Konferenzen wurden gestrafft, die Verbindlichkeit wesentlich erhöht und ein kontinuierliches Reporting System etabliert. Alle Formen von Regelkommunikation wurden verpflichtend vereinbart und deren Einhaltung kontrolliert. Viele Aufgaben, die ihn bis dato enorm beschäftigten, delegierte er. Die sich ergebenden zeitlichen Puffer nutzte er zur Etablierung von Kommunikationsprozessen. Es wurden zum Teil große Modifikationen in der Schnittstellenkommunikation vorgenommen. Abgesichert wurden diese neuen Vereinbarungen durch Verpflichtungen aller Bereichsleiter. Pflege und Erhalt von Regelkommunikation wurde damit aus dem Belieben der Einzelnen genommen.

Gegenüber dem Vorstand und anderen Bereichsleiterkollegen veröffentlichte Herr Brauer regelmäßig Statusberichte, Vorhaben und Abschlüsse von Prozessen. Er ließ eine Dokumentation erstellen über alle zur Zeit dem Unternehmen möglichen Varianten im Fahrzeugbau und publizierte diese innerhalb des Gesamtunternehmens.

Die einzelnen Schritte (hier wurden nur die wichtigsten Aspekte skizziert) wurden in der Bereichsleiterkonferenz vorgestellt. Der Vorstand wurde dazu jeweils in Kenntnis gesetzt. Herr Brauer behielt sich Korrekturen zu den Protokollen der Bereichsleiterkonferenz ausdrücklich vor. So manches Protokoll musste, an für ihn relevanten Stellen, umgeschrieben werden.

Es entwickelte sich darüber hinaus eine Routine für den Bereich Entwicklung und Konstruktion, die es ermöglichte den anderen operativen Einheiten kontinuierlich relevante Informationen über den eigenen Bereich anzubieten.

Es gab regelmäßige Meetings zwischen dem Vorstand, Herrn Brauer und dem Coach. Die Entwertungen seines Bereiches und seiner Person reduzierten sich deutlich. Er reagierte auf entsprechende Versuche in höflicher *und* deutlicher Form. Er wurde im gesamten Unternehmen und den Niederlassungen als kompetenter, stärker und zielsicherer wahrgenommen.

Nach drei Monaten wurde Herr Brauer mit Prokura und den damit verbundenen Insignien ausgestattet. Der Vorstandsvorsitzende gab dies in einer Bereichsleiterkonferenz bekannt. Die notarielle Unterschrift wurde als äußeres Zeichen symbolhaft während dieses Meetings beglaubigt.

Die Zusammenarbeit zwischen Herrn Brauer und dem Bereich Service und Vertrieb wurde deutlich enger und intensiver.

Das befriedigende Resultat im Bereich Konstruktion und Entwicklung strahlte auf das gesamte Unternehmen aus, Coaching wurde plötzlich hoffähig und galt nicht mehr als Besuch beim *Seelenklempner*. Dies erleichterte wesentlich den Start der Changeprozesse in den anderen Bereichen.

Wir vorgestellt handeln diese Ausführungen von einem Ausschnitt zu einem wesentlich umfangreicheren Veränderungsprozesses. Hier zeigt sich, dass Coaching eine zusätzliche ergänzende Möglichkeit sein kann. Coachingprozesse können vor allem dann als Anstoß für größere kulturelle Veränderungsprozesse wirken, wenn sie auf Kommunikationsentwicklung ausgelegt sind. In ihrem Wesen sind sie Reflexionsprozesse, die eine neue Sicht der Dinge ermöglichen und neue, andere Problemlösungen erlauben.

Kooperationsstrategien und Coaching

Kooperation wird mit *Zusammenwirken* und *Zusammenarbeiten* übersetzt. Es gibt viele, nicht erfassbare Formen von Kooperation. Die Biologie kennt unzählige Formen, ebenso die internationale Diplomatie, wie auch die EDV und der Mannschaftssport, selbst Feuerpausen in Kriegen[42] gehören dazu.

Betrachten wir Sequenzen gelungener Kooperation, so lohnt es sich, das Erfolgsmuster zu extrapolieren und im Sinne von Wissensmanagement (Götz 2000) der Organisation zur Verfügung zu stellen.

Dieses erfolgreiche Muster kann damit zum Allgemeingut des Unternehmens werden, an dem jeder partizipieren darf. Organisationen können es sich nicht leisten, Erfolgsmuster quasi privat zu verwalten. Sie müssen Teil erfolgreicher Organisationsentwicklung werden dürfen.

Gelingt Kooperation nicht, so können wir daraus lernen, was nicht funktioniert, was es noch zu verbessern gilt. Hervorgehoben sei, es geht hier nicht um Kooperation für den alltäglichen Gebrauch, sondern um jene in professionellen Kontexten, die häufig von Kampf und nicht immer von Zusammenarbeit geprägt ist. Bereits Thomas Hobbes (Hobbes 1984) war diesbezüglich sehr pessimistisch. Ohne disziplinierende Gewalt hielt er Kooperation für schlichtweg unmöglich. Wir nähern uns damit der Frage, wie Kooperation in einer Welt gelingen kann, in der jeder davon fasziniert ist, den anderen zu besiegen, zu beherrschen oder einfach nur Recht zu haben. Ist der Gewinn für die Beteiligten nicht unmittelbar sichtbar, so verschärft sich die Frage nach dem Gelingen. Trotz der offensichtlichen Bedeutung gibt es wenig hilfreiche Publikationen über Kooperationsstrategien (Axelrod 1984). Selbst ein ausführlicher Research im Internet führt entweder zu voluntaristisch anmutenden Forderungen, einfachen Beschreibungen oder zu einer neuen spieltheoretischen Variante von *Prisoner's Dilemma* (s. Axelrod 1984).

Axelrods Computersimulationsstudien über das Gefangenendilemma sind hoch abstrakt und daher für Beratungskommunikation nicht direkt verwertbar. Die folgenden für die Praxis daraus formulierten Überlegungen, können in einem Coachingprozess als Angebot zur Verfügung gestellt werden.

---

[42] Bei Erich Maria Remarque findet sich im Roman "Im Westen nichts Neues" eine sehr genaue Darstellung der Aushandlung von Feuerpausen anlässlich des Weihnachtsfestes.

Leitideen zu Kooperation

Entscheidungen über Verursachung möglichst treffen

Damit können Beschuldigungen vermieden werden. Ätiologie kommt aus dem Griechischen (Aitologia) und bedeutet Ursache. Im alltäglichen Sprachgebrauch setzen wir *ursächlich* und *schuldig* synonym[43]. Wir wissen zunächst nicht, was gemeint ist, wenn von Verursachung die Rede ist: Wird Schuld oder Verursachung verhandelt? Zusätzlich kann es sich um einen kausalen (verursachenden), um einen contributiven (fördernden) oder einen korrelativen (immer wenn, ... dann ...) Zusammenhang handeln.

Innerhalb von sachlogischen Prozessen von Organisationen ist der Verursacher oft nicht eruierbar, es sind prozessuale Ketten verantwortlich, deren Interpunktion willkürlich erfolgt. Der Verzicht auf die Benennung des Verursachers erspart die gesamte Debatte um das Hin- und Herschieben von *Schuld*, die damit verbundenen sozialen Verwerfungen entfallen und eine gemeinsame Orientierung auf Lösungen hin wird möglich. Das Finden einer Lösung setzt nicht zwingend die Identifikation einer Ursache voraus (Watzlawick 1974).

Die Idee der Verursachung durch die Idee des *To fit* ersetzen

Eine systemtheoretische Argumentation ließe sich auf die kurze Formel bringen: Systeme weisen keine Ursache, aber Passung oder Nicht-Passung auf. Mit dem Schlüssel kann man nur aufsperren, wenn er passt. Bei Nichtfunktionieren ist weder der Schlüssel noch das Schloss am Anfang der Prozesskette, weder Schloss noch Schlüssel sind Verursacher, sie passen nur einfach nicht. Wir sind niemals im Besitz gesicherter Erkenntnisse, sondern nehmen Bewertungen vor.

---

[43] In der Sprache der Juristerei ist auch von einem Schuldspruch die Rede wenn damit Haftungsfragen beurteilt werden.

Für Wirtschaftsunternehmen ist damit nicht gemeint, Entscheidungsstärke oder Schnelligkeit zu reduzieren, sondern sich darüber bewusst zu sein, dass Kontingenz vorherrscht. Zweifel zuzulassen bedeutet keineswegs eine Verringerung der Entscheidungsfähigkeit.

Aktanten handeln in Übereinstimmung mit ihrer inneren Logik

Aktanten verrechnen Kommunikationsangebote auf ihre systemspezifische Weise. Die daraus resultierenden Handlungen finden nicht notwendig Akzeptanz. Kommunikationsangebote beinhalten die Möglichkeit zu Widerspruch, Zweifel, Verdacht, Irritation und Lüge. Es ist (auch) Dissens (Zwingmann, Schwertl et al. 2000) zu erwarten und nicht Kooperation, aufgebaut auf der Hoffnung von Ausgleich, tiefer Verständigung, Gerechtigkeit und Harmonie. Kooperation kann nicht festgehalten werden, sondern ist ein selten auftretender Glücksfall. Sie ist eine Art Markierung auf einem Kontinuum (Kooperation vs. Kompetition), auf dem sich Protagonisten bewegen. Zu respektieren, dass Aktanten nach ihrer inneren Logik handeln, bewahrt vor Pathologisierungstendenzen und Entwertungen, die wiederum jegliche Kooperation zu erschweren vermögen.

> Soldaten, die mit den
> Gegnern kooperieren,
> sind Verräter.

Kooperation ist nur eine Möglichkeit

Kooperation haftet häufig eine Konnotation an wie besser, moralisch wertvoller, menschlicher, demokratischer, kurz: edler. Grundsätzlich ist Kooperation nur *eine* Möglichkeit, Konflikte zu lösen. Kooperationsstrategien können nur dann erfolgreich sein, wenn genau dies beim Gegenüber Akzeptanz findet. In einem Boxkampf oder im Krieg würde man für solch eine Haltung bestraft werden. Kooperation muss im Sinne des *To fit* mit den anderen Systemteilen korrespondieren. Kooperation ist dann eine sinnvolle Strategie, wenn sie für die Zukunft als wahrscheinlicher (d.h. mehr als in der Gegenwart) erwartet werden kann.

Zur Vorbereitung von Kooperation wird man hier vor allem Kommunikationsoffenheit, ernsthafte Darlegung der eigenen Interessen, Darstellungen des bisherigen Denkprozesses und die Erörterung aller möglichen Ausgänge (vor allem auch der unerwünschten) einsetzen. Ein Aspekt wird besonders deutlich: Kooperation setzt hohe kommunikative Kompetenz voraus (Schwertl 2001).

Die Annahme, jede einzelne Profession handele Lege Artis, vermeidet eine Diskussion der Grundlagen einzelner Disziplinen.

Unterschiedliche Professionen haben unterschiedliche Prioritäten. Jeder Beruf stellt seine Kriterien ins Zentrum der Überlegungen. Jedem Faktor ist Rechnung zu tragen und Qualität definiert sich nicht über eine Variable, sondern über die Ausgewogenheit aller Variablen. Soweit ist dem nicht ernsthaft zu widersprechen. Entscheidend hierbei ist, dass diese Haltung zur unumstößlichen Ausgangshaltung wird. Es gilt nicht, dass die einzelnen Disziplinen ihre Validität nachweisen, sondern umgekehrt: Wer Anderen geringere Bedeutung zumessen möchte, möge dies beweisen und nicht einfach nur behaupten. In einer Zeit, in der Unternehmensprozesse eine kaum zu bewältigende Komplexität erreicht haben und in Folge auf umfangreiche Regelkommunikation nicht verzichtet werden kann, gilt es Definitionsansprüche eines spezifischen Standes zurückzuweisen[44]. Kooperation wird zum Abenteuer, wenn sie berufsübergreifend funktionieren soll und ergebnisverpflichtet ist.

---

[44] Der bürokratisch-industrielle Komplex des Gesundheitssystems mit seinen zum Teil mittelalterlichen, höfischen Unterwerfungsritualen mag hier als abschreckendes Beispiel dienen.

Psychologische Interpretationen im Umgang mit Kooperationspartnern fördern Konflikte

Einem Kontrahenten – möglichst in der Sprache der Psychotherapie – Motive zu unterstellen oder therapeutisches Verständnis zu signalisieren, ist weder hilfreich noch gibt es eine Berechtigung dazu. Die Beleuchtung von psychologischen Motivlagen oder Entstehungsgeschichten mag im therapeutischen Prozess sinnvoll sein. In organisationalen Zusammenhängen fehlt diese Voraussetzung. Solche Vorgehensweise findet daher keine soziale Akzeptanz.

Die Häufigkeit der Interaktion erhöht die Chancen zu Kooperation. Anknüpfung an bereits geleistete Kooperation ist förderlich.

Verweise auf den letzten erfolgreichen Versuch, kontinuierliche Interaktion, enge Abstimmungen und regelmäßige Kommunikation über den erreichten Zustand der Kooperation erhöhen die Stabilität und Robustheit ganz wesentlich. Freundschaft, emotionale Nähe, Vermeidung von Unterschieden sind keine notwendigen Voraussetzungen. Die Dauerhaftigkeit der Beziehung ist der wesentliche Faktor! Es gilt, passende Regelkommunikationen zu schaffen und diese zu schützen.

Kooperation ist anderen Formen des Zusammenwirkens nicht überlegen

Der wechselseitige Vorteil (Winner–Winner Games) ist in der Regel eine gute und ausreichende Motivation für weitere Kooperation. Wer Kooperation als Möglichkeit ernst nimmt, handelt sich damit unvermeidbar eine Konsequenz ein. Kooperation ist untrennbar mit dem Prinzip des ehrlichen Kaufmanns verbunden. Kooperation kann dann nicht ernsthaft stattfinden, wenn sie von einem der Beteiligten strategisch einsetzt wird. Solche Strategien sind kurzfristig, werden schnell erkannt und führen im günstigsten Fall zu Abbrüchen. Wird der Gewinn des Einen zum Verlust des Anderen (und umgekehrt), liegt eben nicht Kooperation sondern Defektion vor. Wie ausgeführt, gibt es Kontexte, in denen der Kampf als adäquates Mittel erscheint. Kooperation setzt hohe kommunikative Kompetenz voraus, schließlich muss sie erhandelt werden, sie benötigt Vertrauensbildung und ist vor allem mehr Haltung als Strategie.

Markierungen

- ist wahrscheinlicher bei vermehrtem Kontakt
- kann auf Dauer langweilig werden
- entscheidet sich u. a. an meinem Denken über Andere
- entsteht, wenn das Verlustrisiko bei Nicht-Kooperation zu hoch ist
- entsteht, wenn Vergeltung zu erwarten ist
- beinhaltet implizit Wettkampf
- erhöht sich bei weniger Beteiligten
- erhöht sich bei Feedback-Sensibilität
- erhöht sich, wenn der Partner oft kooperiert
- erhöht sich, je weniger Alternativen es zu Kooperation gibt
- erhöht sich, je symmetrischer das Verhältnis ist
- bedingt, dass die Beteiligten sich als Kontrahenten sehen
- entsteht, wenn der Nutzen für alle Beteiligten vorhanden ist

6 Wenn der Coach vom Hof gejagt wird ...

> Feig, richtig feige ist nur,
> wer sich vor seinen
> Erinnerungen fürchtet.
> *Elias Canetti*

Eine Vorbemerkung

Es gibt eine ganze Menge an Publikationen über gelungene Beratungsprozesse. Manche riechen deutlich nach Selbstmarketing, andere sind wissenschaftlicher aufbereitet. Ohne Zweifel kann man aus den Erfolgsmeldungen viel lernen. Manche denken, man kann Erfolgsmuster kopieren. Die Kopisten werden schnell zu Gefolgsleuten des Originals. Man kann Erfolgsmuster extrapolieren – dies nennt man dann Best Practice – oder einfach seine Beobachtungs -und Analysefähigkeiten schärfen. Denkt man an Sigmund Freuds Darstellungen vor Anna O., macht alleine das Lesen, ohne weiteren Verwertungsplan Spaß. Wissenschaft (und dies nicht nur in ihren experimentellen Teilen) hat aber auch immer aus ihren Irrtümern gelernt (Burgin 1997).

Die Idee, ein ganzes Buch mit schlechten Ausgängen und Beraterkatastrophen zu schreiben, habe ich immer wieder überlegt und doch verworfen. Das Risiko, dass der Bote für die schlechte Nachricht bestraft wird, ist leider zu hoch. Die folgende Darstellung ist ein Anfang. Hierbei geht es nicht um Verständnis für die Berater oder die Kunden oder um jenen *geheimnisvollen* Prozess, den man in psychosozialer Umgangssprache *psychohygienische Verarbeitung* nennt. Es geht um eine konkrete Erfahrung, die durch ihre Publikation all jenen zur Verfügung gestellt wird, die daraus lernen möchten. Die Erfahrung kann so zum Lehrstück werden. Die eingefügten Kommentare basieren auf Einschätzungen und Interpretationen, die in der Retrospektive entstanden sind.

Kuhlberg Consulting[45]

Kuhlberg Consulting ist ein kleines Beratungsunternehmen, das sich darauf spezialisiert hat, mit Hilfe einer spezifischen Software und entsprechenden Beratungsleistungen den Einkauf von Unternehmen zu optimieren und Kosten günstiger zu gestalten. Mit Hilfe der Software können in kürzester Zeit unterschiedliche Angebote verglichen werden. Die Dienstleistung besteht in der programmiertechnischen Anpassung eines Rohlings an das jeweilige Unternehmen und damit verkoppelt an entsprechende Beratungsleistungen.

Kuhlberg Consulting (in Folge KC) ist im Besitz des Ehepaares Kuhlberg. Es gibt acht fest angestellte Mitarbeiter und zusätzliche projektspezifische freiberufliche Berater. Das Ehepaar ist im operativen Geschäft aktiv. Herr Kuhlberg ist für Marketing, Akquisition und Beratung zuständig, seine Frau organisiert alle restlichen Bereiche innerhalb des Unternehmens und leitet das Büro.

Vorgespräche:

⇨ Anfang Juni 2005
Der Kontakt entstand durch eine Empfehlung. In einem ersten Vorgespräch mit Frau und Herrn Kuhlberg wurde das Anliegen erörtert. Herr Kuhlberg verbringe viel Zeit bei Kunden und gerade dann würden immer wieder Aufträge liegen bleiben oder mit nicht ausreichender Qualität ausgeführt werden. Die Kunden klagten über sehr hohen Personalwechsel. Dieser sei auf Grund besonders komplexer und zeitintensiver Einarbeitung mit sehr hohen Kosten verbunden. Unzufriedenheit der Kunden und Terminüberschreitungen seien die Folge. Dies führe zu heftigen Auseinandersetzungen. Früher sei man sich zusätzlich hinsichtlich des Führungsstils nicht einig gewesen, diese Differenzen seien aber beigelegt. KC erwartete einen längeren Coachingprozess . Mit einem Work-

---

[45] Die Namen und einige Identifikationsmerkmale wurden geändert.

shop von zwei Tagen zu starten fanden Herr und Frau Kuhlberg eine sehr gute Idee. Herr Kuhlberg wünschte sich ein bis zwei Outdoor Einheiten, um damit einen neuen Teambildungsprozess anzustoßen und den gesamten Workshop nicht nur kognitiv zu gestalten.

⇨ Ende Juni 2005
Das Angebot zusammen mit einem Drehbuch wurde vor diesem Termin per Email zugesandt. Die letzte Feinabstimmung sollte in einem nahe gelegenen Cafe stattfinden. Ungestörtheit und die bisher nicht erfolgte Bekanntgabe an die Mitarbeiter wurden als Grund angegeben. Der vorgeschlagene Ablaufplan wurde – versehen mit kleinsten Änderungen – akzeptiert. Herr Kuhlberg betonte, dass eine seiner Motivationen darin bestehe, von den Beratern Techniken und Strategien zu lernen, um diese dann selbst gewinnbringend in den eigenen Beratungen anzuwenden.

Kommentar eins
Anliegen und Auftrag waren sehr sorgfältig geklärt und die Details per Email und somit schriftlich bestätigt. Die Teilnahme von Frau Pahl (Teilnehmerin der Coachingausbildung) war abgestimmt. Sieht man von einer gewissen Ängstlichkeit und Aufgeregtheit des Ehepaars Kuhlberg ab, gab es keinerlei Auffälligkeit. Auch eine genaue Analyse aus der Retrospektive führte zu keiner anderen Einschätzung. Aus Krankheitsgründen, einem nicht aufschiebbaren Projekt und auf Grund einer bereits erfolgten Kündigung waren letztlich von den acht Mitarbeitern nur fünf für den Workshop angemeldet. Hinsichtlich der Art der Information der Mitarbeiter und der Nichtteilnahme der drei Personen herrschte Einvernehmen mit den Beratern.

Innerhalb der K3 Beratergruppe Frankfurt erstellen wir Drehbücher zur Vorbereitung des Prozesses und benützen diese auch zur Gestaltung des Auftrags und des juristischen Vertrags.

Sowie in der Filmproduktion das Drehbuch die textlichen Grundlagen für den zu produzierenden Film darstellt, so fingiert das

Drehbuch hier den gewünschten Prozess. Diese Prozess – Drehbücher beinhalten durchaus Vergleichbarkeit. In ihre Gestaltung fließen Erfahrungen, die Konzeptionen ähnlicher Aufträge und Best Practice ein.

Drehbücher haben aber nicht die Aufgabe den geplanten Prozess genau abzubilden. Sie strukturieren ihn thematisch, zeitlich und hinsichtlich der vereinbarten Ziele. Erst die jeweiligen Abweichungen des Prozesses von seinem Drehbuch machen ihn unvergleichbar, gleichsam zum Unikat und legitimieren die Behauptung, dass jeder Prozess letztlich anders und damit nicht vergleichbar ist[46].

⇨ Mitte Juli 2005
Frau Angelika Pahl (in Folge AP) und der Autor (in Folge WS) waren um 8:40 Uhr im vereinbarten Tagungshotel. Der Start war laut Angebot für 9.00 Uhr vereinbart.

Das Setting war einfach und hatte sich in der Vergangenheit als robust erwiesen. Die im Drehbuch ausgewiesenen Fragen dienten als Leitidee für alle zusätzlichen Fragen, die von WS gestellt wurden. AP notierte die zentralen Antworten auf Flipcharts. Diese wurden in einer Reihe im Besprechungsraum aufgehängt. Auf diese Weise wurde der laufende Prozess auch optisch präsentiert. Die Akteure waren damit bildlich von dem bisher Gesagten und Geleisteten umgeben. Dieses unspektakuläre und von vielen Beratern praktizierte (nicht weniger wertvolle) Verfahren erlaubte, zusätzlich in der Gestaltung weiterer Fragen immer wieder auf frühere Prozesszeitpunkte zurück zu gehen. Die optische Ausbreitung im Raum garantierte ein hohes Maß an Transparenz des Prozesses aber auch der Ergebnisse.

Die durch Fragen herausgearbeiteten Anliegen der Kuhlbergs wurden durch die Aussagen der Mitarbeiter in hohem Maße bestätigt. Die Geschäftsidee sei sehr gut. Es wäre daher möglich, sehr ertragreich zu agieren, aber KC reduziere seine Möglichkeiten durch große Probleme in

---

[46] Am Ende des Beitrags ist das entsprechende Drehbuch abgebildet.

der Führung der Mitarbeiter. Immer wieder komme es zu Kündigungen, Minderleistungen der Mitarbeiter, stillen Verweigerungen und anderen typischen Symptomen, die in Zusammenhang mit Rollenunklarheiten auftreten würden. Die Mitarbeiter klagten, wenn auch auffällig vorsichtig, darüber dass sie nicht wüssten, was von ihnen erwartet werde.

Während des ersten halben Tages wurde in der Interaktionsdynamik deutlich, dass das Ehepaar Kuhlberg versucht, Klarheiten in der Frage, wer was zu sagen hat, zu vermeiden. Es wurde von Wertegemeinschaft ohne hierarchische Unterschiede, von Gemeinschaft und einem neues Typus Unternehmen gesprochen. Nicht Führung oder Hierarchie, sondern Begeisterung und Einsicht der Mitarbeiter solle zukünftig Kultur prägend sein. Verständnis füreinander, freiwilliges Engagement sollten die zentralen Pattern sein. Dies passte aber nicht zu den formulierten Klagen. Wir kreisten wir um eine Paradoxie. Herr Kuhlberg forderte mit viel Vehemenz, dass alle Beteiligten sich daran orientieren mögen, dass es keine Hierarchie gäbe, gleichzeitig betonte er in der Form, wie er dies vortrug, hierarchische Unterschiede.

Zu diesem Prozesszeitpunkt bestand das Bemühen der Coaches darin, durch regelmäßige Zurückführung auf die Sachfragen mehr Ruhe und Gelassenheit zu erreichen. Die sachlichen Fragen waren:

- Wodurch zeichnet sich KC aus?
- Was kann KC besonders gut?
- Wo liegen die Ressourcen bei KC?
- Was muss bei KC erhalten bleiben?

In den Zeitabschnitten, in denen die Sachfragen thematisiert wurden, beruhigte sich die Atmosphäre und die Produktivität der Gruppe stieg.

Kommentar zwei
Man kann hier durchaus kritisch einwerfen, dass die Strategie der Sachorientierung der Beginn allen Übels war. Die alte Beraterregel: eine atmosphärische Störung hat Vorrang und muss in Folge zuerst

besprochen werden, sei hier nicht beachtet worden, könnte der Einwand heißen. Dem wäre grundsätzlich und generell zuzustimmen. Diese altehrwürdige Regel der themenzentrierten Interaktion gehört zur Grundausstattung eines Beraters und ist zu beachten.

Sie wurde in diesem Falle sehr wohl in Betracht gezogen und trotzdem nicht angewandt. Dies kann zweifach begründet werden:

Die von Herrn Kuhlberg sehr bestimmt vorgetragene Forderung, alle hätten sich daran zu halten, dass es keine Hierarchie gäbe, kann ein Berater nur als paradoxe Aussage qualifizieren. Folgte man dem Gestus von Herrn Kuhlberg im Sinne von Unterordnung wird damit – im Widerspruch zum Inhalt der Aussage – Hierarchie geschaffen. Orientiert man sich an der inhaltlichen Aussage, widersetzt man sich damit Herrn Kuhlberg und nimmt damit Konsequenzen in Kauf.

Dell (1986) wies darauf hin, dass paradoxe Interaktionen alltäglich sind. Wir können Kommunikation Paradoxie-arm aber nicht Paradoxie-frei gestalten.

Soziale Systeme sind nicht jederzeit dazu in der Lage, eine solche Umfokussierung auf sich selbst, auf Störungen, auf den verdeckten Teil des Eisberges konstruktiv zu gestalten. Nicht immer ist der Switch von der Inhaltsebene zur Beziehungsebene (Watzlawick 1967) zielführend. Fehlt die notwendige Ruhe, das notwendige Vertrauen, die Erfahrung, dass dies hilfreich sein kann, so kann genau diese Umfokussierung mehr Unruhe als Ruhe provozieren und somit kontraproduktiv sein. Die Arbeitsfähigkeit wird dann nicht verbessert sondern noch mehr gefährdet. Versteht man eine solche Prozessbewertung temporär und nicht als eine generelle Beurteilung dieses Interaktionsgefüges, so lautet die Frage: Kann sie in einem bestimmten Stadium eines spezifischen Prozesses hilfreich sein? Die Beantwortung dieser Frage ist allerdings mit Risiko behaftet, da Gewissheit erst die Retrospektive erlaubt. Beratungspraxis und damit Coaching (es ist hervorzuheben) bedeutet in einem Zustand großer Unsicherheit handeln zu müssen. In diesem Falle war vor allem die Beobachtung der Dynamik und die Erkenntnis, dass bei Sachfokussierung die Beruhigung zunahm, entscheidend für die weitere Strategie.

Die Coaches kamen nach Abwägung obiger Argumente in einer Pause zur gemeinsamen Überzeugung, die Inhaltsebene weiter zu verfolgen.

⇨ 14.00 Uhr
Nach der Herausarbeitung der Ressourcen und Stärken von KC wurde nach der Mittagspause mit Fragen nach dem spezifischen Entwicklungsbedarf begonnen. Diese Frage stellt die andere Seite der Ressourcenfrage dar. Die beiden Themenkomplexe ergeben zusammengefügt eine Topographie, in der die vorhandenen Ressourcen und der Veränderungsbedarf sichtbar werden. Romantische Verklärungen durch eine reduzierte Sicht auf Ressourcen oder die verbale Malerei einer Untergangsstimmung können damit verhindert werden. Die Akzeptanz der nächsten Schritte, die Beibehaltung des Settings und des Drehbuches wurden vor der Mittagspause durch die Kunden im Rahmen eines kurzen Zwischenfeedbacks ausdrücklich bestätigt. Die folgenden Aspekte sollten analysiert und optimiert werden.

- Innere Organisation
- Präsentation bei Kunden
- Liefertreue bei Kunden
- Nachhaltigkeit
- Umgang miteinander/innere Kultur
- Produktqualität

⇨16.00 Uhr
Die Zeit von 14.00 Uhr bis 16.00 Uhr verlief ohne relevante Auffälligkeiten. Die Arbeitsfähigkeit der Gruppe wurde leichtgängiger und in Folge reduzierten sich die Anstrengungen der Coaches.

Das Drehbuch sah um 16.00 Uhr den vereinbarten Wechsel zu Outdoor Übungen vor. Hierbei waren Kooperationsübungen als Maßnahmen der Teambildung vorgesehen. Die Auftraggeber verbanden damit eine Stabilisierung der Arbeitsfähigkeit, eine Stärkung des Teamgedanken und eine Komplettierung des bisherigen Tagesablaufes. Die Kunden wünschten, dies wurde ausdrücklich nochmals bestätigt, diese geplanten Einheiten außerhalb des Hauses. WS, AP und die Mitarbeiter von KC warteten am Parkplatz des Hotels startbereit. Herr und Frau Kuhlberg erschienen in großer Aufregung und bestanden auf eine kurze Besprechung ohne Mitarbeiter. Die Mitarbeiter wurden um etwas Geduld gebeten.

Anlass der außerplanmäßigen Unterredung waren Unzufriedenheiten von Herrn und Frau Kuhlberg. Frau Kuhlberg erklärte, ihr Mann sei unzufrieden und dieser erklärte, seine Frau mache sich Sorgen. Als Grund der Unzufriedenheit wurde der jeweils andere Partner angeführt.

Die Coaches baten um weitere Erklärungen, da sie im Moment den Sachverhalt noch nicht nachvollziehen könnten. Sie verwiesen auf die immer wieder vorgenommene Abstimmung. Das Ehepaar beklagte (jeder jeweils für den anderen), keine *persönliche Nähe* und *keine Bindung* (O Ton) zu WS entwickeln zu können, da er sehr sachlich und professionell sei. Hierbei könne keine *persönliche Nähe* entstehen. Sie würden jedoch diese Nähe für eine erfolgreiche Zusammenarbeit benötigen. Insbesondere Frau Kuhlberg fühle sich, so wörtlich: *emotional nicht abgeholt*. Es wurden eine Reihe herabsetzende Äußerungen über WS als weitere Gründe für die Unzufriedenheit genannt. Die beiden Konfliktparteien einigten sich (mit Mühe) auf eine kurze Pause zur internen Besprechung.

Kommentar drei
Kurz vor sechzehn Uhr wurde von allen Beteiligten, das Ehepaar Kuhlberg eingeschlossen, das bisherige Resultat als gut beurteilt und der Wechsel zu einer Outdoor Übung für gut geheißen. Auch die Nachfrage (*Habe ich Sie richtig verstanden ...?*) bestätigte die Antwort. Die Überraschung war daher auf Seiten der Coaches sehr groß. Der emotionale Ausbruch, verbunden mit den persönlichen Vorwürfen, erzwang die Pause als notwendige Unterbrechung. Die Pause sollte zur Neubewertung der Situation, der Entwicklung einer neuen Stra-

tegie und der Auslotung weiterer Möglichkeiten dienen. Die Temperamentsausbrüche und der autoritäre Gestus (*Ich bezahle Sie, also ...*) verdeutlichten: es gab wenig Spielraum. Selbstverständliche Dinge zivilisierten Umgangs waren kaum möglich.

Die beiden Coaches einigten sich auf die folgende Intervention (O-Ton):
- Wir bedauern Ihre Unzufriedenheit. Wir haben leider nicht wirklich verstanden, wie es zu diesem Stimmungsumschwung zwischen 16.00 Uhr und 16.15 Uhr gekommen ist.
- Wir bitten Sie daher uns zu helfen, dies zu verstehen.
- Weiters sind wir der Meinung, dass die Übung im Freien erst beginnen kann, wenn wir die Arbeitsfähigkeit wieder hergestellt haben.

Die neue Dynamik ergab keinen Sinn. Das Drehbuch war abgestimmt und mehrfach bestätigt worden. Die Teilziele waren erreicht worden, eine Abweichung vom Plan fand nicht statt und Ärger oder Störungen ernsthafter Natur wurden nicht wahrgenommen. Die Entwicklung erschien ohne Sinn, die Coaches konnten die Logik der Kunden nicht nachvollziehen. Selbstverständlich hätte man aus dem Fundus psychopathologischer Diagnosen eine beruhigende Erklärung finden können. Eine passende Containerdiagnose hätte sich gefunden. Die Methode, bei Bedarf dem unbequemen Gegenüber eine erklärende Diagnose zuzuschreiben und sich mit dieser Erklärung selbst zu beruhigen, erschien den Coaches nicht opportun: sie hätte zu keiner Lösung geführt.

⇨ 17.00 Uhr

Frau Kuhlberg wirkte ziemlich verärgert und unwillig. Die von AP vorgetragene Intervention kommentierte Herr Kuhlberg mit dem Hinweis wir mögen seine Frau fragen, sie könne es uns erklären. Diese weigerte sich: *Wenn Sie mich nicht emotional abholen können, spreche ich nicht mit Ihnen.* Die Intervention war erfolglos und wir waren wieder am Anfang. Die möglichen konstruktiven Ausgänge wurden enger. Die notwendige

Arbeitsfähigkeit war nicht mehr gegeben, ein möglicher Abbruch drohte. Ein erfolgreicher Abschluss mit zufriedenen Kunden war in weite Ferne gerückt. Ein hässlicher Ausgang wie dieser, bisher nur aus den Erzählungen von Kollegen bekannt, schien plötzlich denkbar. So unangenehm und irritierend dies war, genau dies führte letztlich zur Lösung. Da nichts mehr gewonnen werden konnte, gab es nichts verlieren. Dies machte unabhängig und es wurde möglich, eine distanzierte Metaposition einzunehmen. Den unfreundlichen Vorwürfen konnten die Coaches somit durch eine freundliche distanzierte und ruhiger Haltung begegnen.

> Freedom is just
> another word
> for nothing left
> to loose.
> *Janis Joplin*

Kommentar vier:
Coaches vereinbaren mit ihren Kunden Ziele. Ob Kunden die Ziele erreichen oder nicht, ist in der Verantwortung der Kunden. Dies klingt weise und klug. Es bleiben dennoch Fragen und Zweifel. Coaches brauchen wie andere Berufsgruppen auch beruflichen Erfolg. Ihre Marketingmöglichkeiten sind begrenzt, sie sind daher auf Kundenreferenzen und einen guten fachlichen Ruf angewiesen.

Destruktive Prozesse, Ineffektivität, Nichterreichen der Ziele liegt nicht in ihrem Interesse. Der Erfolg der Kunden führt zum Erfolg der Coaches. Genau darin liegt aber gleichzeitig das Risiko. Man könnte freier, souveräner und kreativer agieren, wenn alle Erfolgsüberlegungen auf Distanz gehalten werden könnten. Nicht die naive Illusion absoluter Unabhängigkeit von Bestätigung oder Erfolg, aber die Wahrung einer großen Distanz von der Droge Erfolg fördert die notwendige Unabhängigkeit. Die Einsicht, dass der Prozess mit Kuhlberg Consulting nicht erfolgreich abgeschlossen und möglicherweise keinen guten Ausgang nehmen wird, war nicht sonderlich reizvoll oder erfreulich, aber er wirkte befreiend. Handlungsfähigkeit stellte sich in Folge wieder ein. Die Coaches entwickelten eine neue praktikable Handlungsstrategie.

⇨ 17.30 Uhr

WS fragte Herrn Kuhlberg, was er jetzt vorschlagen würde bzw. was er jetzt wünsche. Dieser antwortete, er wünsche, dass Frau Kuhlberg gefragt werde, wie es zu dem Stimmungsumschwung gekommen sei, damit sie sich in Folge beruhigen könne. Diese weigerte sich aber immer noch (oder schon wieder?) mit den Coaches zu sprechen. Daher war dieser Wunsch, wie vermutet, nicht erfüllbar. Es folgte eine weitere Attacke, in der Herr Kuhlberg darauf verwies, Coaches hätten keine Fragen an ihre Kunden zu stellen, sie müssten doch selbst wissen, was sie zu tun hätten.

In der Zwischenzeit hatte sich die Situation jedoch grundsätzlich geändert: Die Coaches waren nicht mehr beeindruckbar. Die innere Anspannung hatte sich gelegt, die Aufregung verflogen. Die Annahme, den Prozess nicht mehr zum Konstruktiven wenden zu können, war zwar nicht erfreulich, aber sie brachte Gelassenheit. WS und AP blieben konsequent dabei, Fragen zu stellen. Fragen, die in allen Varianten darauf zielten, zu erfahren, wie Herr Kuhlberg sich das weitere Vorgehen wünschte. Persönliche Angriffe auf WS führten dazu (so die Absprache), dass AP mit einer neuen Frage antwortete.

In dem kleinen Nebenraum des Hotels lief im Hintergrund ein Radioprogramm, das ständig dringende Warnmeldungen vor einem schweren Gewitter sandte. Diese Unwetterwarnungen sollten noch eine große Rolle spielen.

Herr Kuhlberg schwenkte plötzlich um, erklärte das Tagesergebnis für erfolgreich. Er freue sich jetzt auf die Outdoor Einheit als gelungenen Tagesabschluss. Wieder wurden wir von ihm überrascht. Donner, Hagel und plötzlich einsetzender Regen korrespondierten mit den Warnungen im Rundfunk. Es war vollkommen unverantwortlich geworden bei diesem schweren Unwetter zu der gewünschten Übung aufzubrechen. Ob gut oder schlecht, das Wetter hatte alle Pläne zur Güte durchkreuzt und an außerhäusliche Übungen war für diesen Tag nicht mehr zu denken.

Das schwere Unwetter passte zwar zur Stimmung, nicht aber zur Übung. Herr Kuhlberg beurteilte die Situation völlig anders, sah aber offensichtlich jetzt seine große Chance gekommen. Nach einem weiteren Hin und Her teilte er mit großer Geste (Finger zeigte Richtung Tür) mit, die Coaches hätten das Hotel zu verlassen. Er begründete den Abbruch mit der Weigerung von WS, die vereinbarte Einheit jetzt sofort zu beginnen. Gleichzeitig nahmen Unwetter und Rundfunkwarnung an Intensität zu. Der Wolkenbruch, die Blitze, der beeindruckend laute Donner und die plötzliche Dunkelheit verbunden mit den enormen inneren Spannungen ergaben eine Atmosphäre, die kafkaeske Dimensionen erreichte. Jeder Theaterkritiker würde eine solche Inszenierung als klischeehaft verurteilen. AP nützte die Gelegenheit und fragte nochmals, ob sie das richtig verstanden habe, dass die Coaches, entgegen der vertraglichen Vereinbarung, ihre Arbeit jetzt zu beenden hätten. Herr Kuhlberg bestätigte seine Entscheidung und die Coaches packten zusammen.

⇨ 19.00 Uhr
Die Autofahrt durch den Unwetter geschüttelten Wald des Hintertaunus war das letzte Abenteuer dieses Auftrags.

Kommentar fünf:
Die Arbeitsfähigkeit war nicht mehr herstellbar. Dies war zwar zu bedauern, ermöglichte aber die Einnahme einer relativ distanzierten Haltung. Die persönlichen Angriffe und Beleidigungen verfehlten somit weitgehend ihr Ziel. Wahrscheinlich wirkte diese Weigerung, sich an der verbalen Keilerei zu beteiligen, wie eine Provokation.
Verbale Auseinandersetzungen hätten aber ebenfalls eine Konfliktverstärkung bewirken können. Vielleicht hätte es eine bessere Strategie für die Coaches gegeben, aber dies bleibt Spekulation; denn die Beteiligten hatten sie nicht zur Verfügung. Die Frage, wie man sich auf solch einen Auftrag einlassen kann, ist sicherlich berechtigt. Sie lässt sich allerdings in dieser Präzision und Schärfe nur aus der Retrospektive stellen. Die Entscheidung, das wenig angenehme Ende

nicht durch eine griffige Diagnose aus dem Angebot der Psychopathologie der Kunden zu erklären, erschwerte die Suche nach einer brauchbaren Erklärung.

Die Beteiligten reflektierten den Ablauf der Beratungskommunikation sehr gründlich. Hierfür wurde die Hilfe von Kollegen in Anspruch genommen. Die Außenperspektive der Kollegen zeigte keine gravierenden Fehler der Coaches auf. Offensichtlich entzogen die Kunden den Coaches das Vertrauen, aber genau dies war nicht kommunikabel. Letztlich blieben mehr Fragen als Antworten.

Vielleicht ist genau dies, das bestmögliche Ergebnis. Es gab keine befriedigenden und somit beruhigenden Antworten. Unter Umständen – auch wenn es sehr spekulativ ist – ist genau diese Nichtberuhigung die wertvolle Erfahrung.

Markierungen zum Scheitern von Prozessen

Sorglosigkeit und Unaufmerksamkeit bei Auftragsklärung

Unzureichende Abstimmungen während des Beratungsprozesses

Versuche von Coaches, ihre Kunden zu erziehen.

Missachtung von Kontexten und Bedingungen

Freischwebende Berateromnipotenzen

Fehler in Zeit, Taktung und Geschwindigkeit

Einfachheit im Denken gepaart mit Selbstgewissheit

Gegenseitige Entwertungen

Ritt auf *halbtoten* (theoretischen) Pferden

Ideologische Gefangenschaft des Coaches

Verlust an Fähigkeiten zum Dissensmanagement

Feedback-Resistenz gegenüber frühen Boten von Veränderungen

Was sind frühe Boten gefährdeter Prozesse?

Herstellung von Konsens ist erschwert
- Honorierung
- Umgangsformen (Termine, Kommunikationsstile)
- gemeinsame Ziele
- Berateraufgaben bleiben unklar
- Interviewführung ist sehr anstrengend

Akzeptanz der Berater
- Verweigerung von Supportleistung
- Erhöhung der Belastung ohne Ausgleich
- Zweifel an der Qualifikation des Coaches
- Dominanz des Fachexpertentums
- Unnütze Debatte über Hardfacts vs. Softfacts

Ideologische Diktate
- Verpflichtung zu Lösungen, die nichts lösen
- Ja, aber ... Partner
- Widerständige
- Missionare
- Vertreter von Politikerlösungen ...

Wann und wie sollte der Prozess zum Inhalt werden?

Grundsätzlich: früher ist besser
- Handlungsfähigkeit muss noch gegeben sein
- Beherrschung der eigenen Affekte muss (noch) möglich sein
- Wiederholung von Abweichungen, die zum Muster werden

Je höflicher, um so leichter
- Höflichkeit fördert Dialogfähigkeit
- Höflichkeit schafft affektive Distanz
- Höflichkeit reduziert Gesichtsverlust des Interaktionspartner

Klare Positionierung in höflicher sachlicher Form
- Prozessverantwortung durch Stilmittel zum Ausdruck bringen
- Steuerungssicherheit vermitteln
- Dissens betonen

Verzicht auf Schuldzuweisung
- Diskurse über Ursachen vermeiden
- Erklärungsorientierung auf Zielorientierung umstellen
- Wenn nötig, unterschiedliche Positionen gleichwertig stellen

Niemals die Freiheit des Verzichtes verlieren
- Fortsetzung auf *hochschwellig* umstellen
- Beendigung als Lösung in Aussicht stellen
- Bereitschaft der Kunden, Zeitpunkt, Inhalt, Ziele in Frage stellen

Selbstmanagement mit ärgerlichen Affekten

Jeder Coach kann, wenn er Ziel von persönlichen Angriffen oder Abwertungen wird, ärgerlich werden. Dies ist Beratungsprozessen immanent.

Die Wahrnehmung von Ärger ist eine wichtige Botschaft. Die Aufmerksamkeit sollte daher auf das Herausfinden der Bedeutung des Ärgers und nicht auf das Entsorgen des Ärgers gerichtet sein.

Ziel ist es, Ärger nicht zu vergrößern, nicht zu bekämpfen, sich nicht unterzuordnen, sondern Ärgern als Prozessgeschehen einzuordnen. Was man nicht entfernen kann, sollte man gut behandeln und mit Bedeutung versehen.

Dabei ist es hilfreich, *neben* den Ärger zu treten, ihn (*von außen*) zu betrachten, zu untersuchen und zielführend zu ordnen, mögliche nächste Schritte festlegen und dazu mindestens drei Alternativen auswählen. Ziel ist es, sich selbst einen guten Rat zu geben.

Dem folgend ist die Umsetzung des guten Rates bei sich, den Kunden und während der nächsten Prozessschritte zu beobachten .

Ärger ist manchmal ärgerlich, aber ohne ihn würden wir Harmonie nicht erkennen.

Kuhlberg Consulting Innere Reorganisation Workshop

Ablaufplan

Freitag

09:00	Begrüßung durch Kuhlberg Consulting
	- Stand der Dinge
	- wirtschaftlich
	- strategisch
	Fragen der Teilnehmer (WS moderiert)
09:30	Blick auf die Ressourcen
	- Wodurch zeichnet sich KC aus?
	- Was können wir von KC besonders gut?
	- Was muss bei KC erhalten bleiben?
	- Ergebnisse durch Wandmalerei sichern?
10:30	Pause
10:45	Wo haben wir Entwicklungsbedarf?
	- Innere Organisation
	- Präsentation bei Kunden
	- Liefertreue bei Kunden
	- Nachhaltigkeit
	- Umgang miteinander/innere Kultur
	- Produktqualität
	- Sonstiges
12:30	Pause
14:00	Welches sind die wichtigsten Veränderungshebel bei KC?
	- Rote Punkte = Wichtigkeit
	- Blaue Punkte = Wo möchte ich meine Energie hinlenken?
16:00	Priorisierungen entsprechend der Punkte
	Diskussion und Reflexion der Prioritäten
	Outdoor Übung (wird an die Gegebenheiten angepasst)

	Ziel: Durch gemeinsame Erlebnisse die kognitive Planung und Festlegung abzusichern
17:00	Mögliche Übungen: - Klassische Teamübungen (3 – 4 Varianten) - Vertrauensübungen
19:00	Ende
20:00	Gemeinsames Abendessen (evt. in Verbindung mit der Out-door Übung)

Samstag

07:00	Frühsport: Morgenspaziergang Lesung einer kurzen Geschichte
08:00	Frühstück
08:30	Reste von gestern
08:45	Deklination der Prioritätenliste - Was tun wir? - Wer tut es? - Wann beginnt es, wann ist es fertig? - Wie geschieht es? - Was, wenn nicht?
12:30	Pause
14:00	Fortsetzung der Deklination oder: „Was wären für uns Stolpersteine?"
16:00	Kuhlberg Consulting geht Outdoor Symbolischer Vertrag
18:00	Abschlussrunde
18:30	Ende

Markierungen

Kunden können nicht nur in der Theorie, dies macht das Consultantentum zum Abenteuer, anders handeln als der Plan es vorsieht.

Wenn es nichts zu gewinnen gibt, kann man nichts verlieren.

Nicht alle Gewitter reinigen die Luft, aber manche führen zum Ausweg.

Kein Vormarsch ist so schwer, wie der zurück zur Vernunft (Bertholt Brecht).

7 Neue Besen kommunizieren gut

> Die einzige Möglichkeit,
> Menschen zu motivieren,
> ist Kommunikation.
>
> *Lee Iacocca*

Die Übernahme einer neunen Aufgabe in einem neuen Unternehmen oder in einem fremden Konzernteil, lässt sich mit dem Eintritt in eine neue Kultur , deren Programm (Schmidt 2004)man nicht kennt, vergleichen. Es gibt sehr viele Möglichkeiten verzeihbare und weniger verzeihbare Fehler zu machen. Solche nicht gelungenen Integrationen, genauer: nicht gelungene Kommunikationen, sind betriebswirtschaftlich immer und psychosozial meistens mit hohen Folgekosten versehen. Die Tätigkeit des Coaches kann mit der Metapher des Lotsen oder des Mountain Guide durch unwegsames Gelände umschrieben werden. Mit dem Kunden passende Kommunikationsangebote zu co-produzieren (Staubach 2007 a) ist auch eine kreative Herausforderung.

Eine paradoxe Ausgangslage

Die Welt ist schneller geworden, berufliche Wechsel verlieren ihren Seltenheitswert. In Deutschland ist der durchschnittliche Verbleib von Unternehmensleitern von mehr als acht Jahren auf knapp fünf Jahre gesunken. Verbunden damit ist, dass auf dem Neuen[47] alle Hoffnungen beruhen. Wie im Sport soll der Neue[48] die in ihn gesetzten Erwartungen ma-

---

[47] Dies gilt in gleicher Weise auch für *die Neue*, für die neue weibliche Führungskraft, die neue weibliche Managerin, etc.
[48] Der Neue bedeutet im weiteren Zusammenhang eine Person mit Entscheidungsbefugnis. Grundsätzlich treffen die Überlegungen mit Abwandlungen auf verschiedene hierarchische Ebenen zu.

ximal erfüllen, das Notwendige verändern aber gleichzeitig die Traditionen und nicht nur diese, bewahren. Er soll Führung und Sicherheit geben, den Weg wissen ohne die Landschaft zu kennen und ohne bereits die notwendige Sicherheit zu besitzen. Er soll bewusst Unternehmenskultur gestalten, mit seinem Eintritt Markierungen setzen, ohne zu wissen wie diese seine ersten Markierungen verrechnet werden.

Kurz, der Neue oder die Neue zu sein bedeutet ein divergentes Feld an Erwartungen zu betreten, für das es weder Landkarte noch Führer gibt. Ein Teil der Mitarbeiter und Kollegen setzt auf ihn, ein anderer Teil ist vielleicht skeptisch oder befindet sich in Opposition gegen die getroffene Personalentscheidung. Letztlich kann man, von abstrakten sehr allgemeinen Ausführungen einmal abgesehen, das zu Erwartende nicht genau beschreiben, denn es kann so aber auch anders passieren. Leider findet die Nichtvorhersagbarkeit wenig Berücksichtigung, sie wirkt sich nicht auf die Erwartungen aus, sie exkulpiert nichts und der Anteil jener Weisen, die die Fähigkeit besitzen, Zukunft vorherzusagen ist gar nicht so klein.

Auch die Management – Ratgeberliteratur mit ihren Einfachantworten hilft nicht immer weiter, denn die organisationale Wirklichkeit, also das was der Neue vorfindet, konzipiert sich nicht nach Ratgeberfragen sondern nach eigener Logik. Systemtheoretisch formuliert: Ratgeberfragen zielen auf das Allgemeine aber vorgefunden wird immer das Besondere. Jedes System ist bei entsprechend genauer Betrachtung anders. Vorhersagbar sind Wahrscheinlichkeiten; diese verlieren aber im Einzelfall ihre Gültigkeit. In Folge kann auch der anschließende Beitrag nur eine Annäherung an das jeweils neue Unbekannte des Einzelfalls sein.

Mit Sicherheit kann man jedoch behaupten, der gelungene Anfang ist vor allem erfolgreiche Kommunikationsleistung. Die Übernahme einer neuen Aufgabe ist weniger die eines neuen Besens, der gut kehrt sondern die Leistung eines neuen Besens, der anschlussfähig kommuniziert. Auch die beste Kommunikationsleistung kann Fehler nicht verhindern aber Kommunikative Kompetenz (Schwertl 2001) kann diese dramatisch reduzieren, Fehlerfreundlichkeit erhöhen und Unterstützungssysteme etablieren. Dieser Start ist und bleibt ein Abenteuer, denn wenn die notwendigen Kommunikationen begonnen haben, ist nichts mehr wie es war, die Situation hat ihre Unschuld verloren.

Die Aufgabe[49]

Herr Wöhrmann[50], 41 Jahre, Diplomkaufmann und Informatiker erhielt das Angebot, CEO bei einer 100% Tochter einer großen Airline zu werden. Herr Wöhrmann ist verheiratet, hat drei Kinder, seine Frau ist als hoch qualifizierte Akademikerin ebenfalls berufstätig. Zwischen dem Autor und Herrn Wöhrmann kam es zu einer Coachingvereinbarung mit dem Ziel, den Neubeginn möglichst optimal zu gestalten. Das Unternehmen hat 1000 Mitarbeiter, es gibt drei Vorstandsmitglieder und neun Bereichsleiter. Der Kunde berichtete, die Zielvorgaben für die nächsten drei Jahre seien sehr anspruchsvoll, in Folge habe er nur wenig Zeit, um das Unternehmen zu verstehen bzw. Fehler zu machen.

Die Würfel sind gefallen ...

Die verantwortlichen Personen hatten entschieden, die vakant gewordene Position sollte mit Herrn Wöhrmann besetzt werden. Die Besiegelung des Vertrages bedeutet die Übernahme einer Aufgabe, deren Gelingen man nicht alleine bewerkstelligen kann, deren Scheitern man aber alleine zu verantworten hätte.

Kommunikationstheoretisch formuliert müssen verschiedene Systeme, der Neue N und die zukünftigen Mitarbeiter und Kollegen, ein gemeinsames soziales System bilden. Dieses System kann mehr auf Kooperation oder auf das Gegenteil angelegt sein. Die verschiedenen Kontrahenten müssen gemeinsame Wirklichkeiten bilden, gemeinsame Regeln schaffen und sich an all dies auch halten. Damit dies möglich wird und

---

[49] Durch wiederholte Einfügungen eines realen Beratungsbeispiels in die theoretischen Ausführungen soll die Prozesshaftigkeit der Vorgehensweise und Praxisverknüpfung dargestellt werden.
[50] Namen wurden verändert.

bleibt benötigen sie die Bereitschaft zur Kommunikation; diese darf nie abreißen. Im Gegenteil, sie muss in jeder Situation erhalten bleiben und verbessert werden. Eigentlich eine Selbstverständlichkeit könnte man denken, aber es ist Alltagswissen, dass jegliches Ende sich durch Exkommunikationen ankündigt und auszeichnet[51]. Warum ist dies wichtig? Unternehmen werden heute als Kommunikations- und Entscheidungssysteme beschrieben (Schmidt 2004). Die Operationen innerhalb einer Organisation resultieren aus Kommunikationen und haben Folgen in Form weiterer Operationen. Anders ausgedrückt: Kommunikation ist dann erfolgreich, wenn sie Folgen hat und Folgen weitere Kommunikationen innovieren, d.h. wenn Anschlussfähigkeit gegeben ist.

Diese Anschlussfähigkeit gilt es genauer zu betrachten, sie ist in drei Dimensionen zu gliedern.

Technische Anschlussfähigkeit:

Hierunter versteht man die technischen Voraussetzungen für Kommunikation. Dies mag in einem Kleinunternehmen mit hohem Anteil an Face to Face Kommunikation relativ einfach zu organisieren sein. Der Zugang zur Führungskraft ist meist unkompliziert und direkt möglich. In einem großen Unternehmen braucht es hierfür technische Voraussetzungen.

- Wie kann ich tausend Mitarbeiter so ansprechen, dass sie sich auch angesprochen fühlen?
- Wie erreiche ich jene Mitarbeiter, die im Umgang mit elektronischen Mitteln ungeübt sind?
- Wie stelle ich sicher, dass auch Außendienstmitarbeiter, Vertreter der anderen Standorte erreicht werden?
- Wie spreche ich Mitarbeiter aus der Produktion an?

---

[51] Der Umstand, dass man aus Meetings, in denen man Gegenstand von Kommunikation ist, ausgeschlossen wird, signalisiert das Ende.

Selbst wenn die technischen Voraussetzungen gefunden sind, benötigen die Beteiligten eine Sprache, in der sie sich verständigen können. Dies bedeutet, eine gemeinsame Sprache (z.B. deutsch) und einen gemeinsamen Gebrauch an Sprache. Dies erscheint trivial und genau darin liegt die Ursache für sehr viele Fehler. In Verkennung der Voraussetzungslasten für das Gelingen von Kommunikationen werden Trivialisierungen vorgenommen, die neue Probleme schaffen[52].

Auch wenn es gegen den Zeitgeist steht, das Einflechten von Begriffe aus dem Englischen schafft keinen Mehrwert an Anschlussfähigkeit.

Kommunikative Anschlussfähigkeit:

Neben Technik, Medien und einer gemeinsamen Sprache benötigen die Beteiligten Kommunikationsinhalte und Kommunikationsformen, aus denen Dialoge entstehen und robust erhalten werden können.

Selbst wenn die Handhabung des PC garantiert ist, das Intranet benützt wird und der technische Gebrauch der Sprache Anschlussfähigkeit signalisiert, wird der Dialog nur erhalten bleiben, wenn die kommunizierten Inhalte Relevanz für alle Beteiligten haben. Auch jene Berufsgruppen, für die der ausdifferenzierte filigrane Sprachgebrauch nicht zur Hauptkompetenz gehört, haben eine präzise Vorstellung davon, ob ihre Interessen berührt sind, ob sie beteiligt sind. Kommen sie zur Entscheidung, nicht berührt d.h. nicht beteiligt, zu sein, werden sie im günstigen Falle passiv und desinteressiert reagieren. Sie stehen für Veränderungsprozesse somit kaum zur Verfügung. Dieses Gift des Nicht –Interessiert – Seins, bricht aber nicht wie ein Sommergewitter über die Organisation herein. Es breitet sich schleichend aus und vermehrt sich. Die jederzeit verfügbare und nicht ausrottbare Alltagspsychologie etikettiert dies dann als Motivationsprobleme, psychologische Defekte oder ähnliches und erklärt es damit für unlösbar.

---

[52] Ein hochrangiger Manager der Luftfahrtindustrie: *Ein bisschen Schwätzen kann doch jeder*

> Der kommunikationstheoretische Grundsatz, dass Empfänger selbst entscheiden, ob sie Daten für Informationen oder nutzlose Geräusche halten, wirkt auch, wenn die Entscheidungsträger ihn nicht beachten.

Kulturelle Anschlussfähigkeit:

Unternehmen können nur dann funktionieren, wenn ein hinreichendes Maß an Kommunikationskohärenzen vorhanden ist. Dies ist die Voraussetzung für Verständigung (Schmidt 2000); Unternehmen und Organisationen verfügen somit über ein Netz an gemeinsamen Werten. Hierzu gehört, wie bewertet, was gewünscht, toleriert und was nicht geduldet wird. Die Kultur eines Unternehmens bedeutet in diesem Zusammenhang ein Koordinatensystem, das über einzelne Interaktionen gelegt wird, um damit Ein- und Ausschlüsse vorzunehmen; um Erlaubtes und Verbotenes, Gewünschtes und Nicht-Erwünschtes festzulegen. Solche Grundlagen, mögen sie noch so subtil wirken, entscheiden darüber, ob man Teil der Gemeinschaft wird oder ein Fremdkörper bleibt; ob der Neue als Hoffnung oder als Bedrohung angesehen wird. Diese Entscheidung, ob Hoffnung oder Bedrohung ist beeinflussbar aber nicht bestimmbar und sicher nicht über Oberflächlichkeiten gestaltbar. Kommunikationsmaßstäbe sollten sich daher mehr an Gesetzen von Kommunikation und weniger an den Regeln der Vermarktung orientieren. Ein neues Kommunikationsgebilde, d.h. ein Unternehmen zu betreten ist daher vergleichbar der Übersiedlung in ein anderes Land, in eine fremde Kultur. Es gibt hierfür keine sicheren immer wirksamen Regeln, trotzdem kann eine meist vorteilhafte Haltung formuliert werden:

> - Laufe nicht sofort vorne weg!
> - Beginne das neue Territorium zu erforschen!
> - Sei ein Lernender!
> - Benimm Dich wie ein Gast!
> - Übe Dich in der Disziplin des Nicht – Wissens!
> - Sei langsam, wenn Du schnell sein willst!

Wann beginnt die neue Aufgabe?

> Um anzukommen
> muss man losgehen
> *Lao Tse*

Spätestens nach Unterzeichnung der Verträge entsteht innere Sicherheit darüber, dass der Wechsel stattfindet und konkret wird. Im Kopf werden Szenarien des Weggehens und des Ankommens entworfen. Wie immer diese Szenarien auch konzipiert sind, sie beginnen mit dem Weggehen.

Ein soziales System zu verlassen bedeutet aber mehr als die Rückgabe von Schlüssel, Dienstwagen und Laptop. Es bedeutet auch Vertrautes und Vertraute zu verlassen und Abschied zu nehmen. Dies müssen keineswegs melodramatische Trauerrituale sein. Es gilt Pflichten zu erledigen, Übergaben zu machen und diverse Prozesse zum Abschluss zu bringen.

Neben der Erledigung solcher Formalien, die leicht unterschätzt werden, gilt es auch sich selbst von Anderen zu verabschieden, sich selbst mitzunehmen. Dies wird je nach Position, Betriebszugehörigkeit, Kultur des Unternehmens unterschiedlich sein, deswegen sind Vorgaben zu vermeiden. Das WIE, das WAS, das WO und WER mag diskutabel sein, die generelle Notwendigkeit ist für eine erfolgreiche Neupositionierung unabdingbar.

> Gestalte Deinen Abschied so, dass eine Rückkehr möglich ist.

Für Herrn Wöhrmann waren der konkrete Zeitpunkt des Ausscheidens, die Abwicklung laufender Projekte und eine akzeptable Form der Trennung von seiner Führungskraft von großer Bedeutung. Vom konkreten Zeitpunkt hing die Realisierbarkeit einer beabsichtigten Urlaubsreise mit der Familie ab. Der Wunsch, das gute Verhältnis mit seiner Führungskraft, die ihn sehr gefördert hatte, nicht zu gefährden, implizierte für Herrn Wöhrmann, noch viele Projekte abzuschließen. Dies stand wiederum einer möglichst schnellen Vertragsauflösung im Wege. Es galt diese scheinbar nicht auflösbaren Interdependenzen zu entwirren und in eine lineare Abfolge von Einzelschritten zu bringen. Der letztlich gewählte Weg war, mit dem Verantwortlichen zu sprechen und die Situation offen darzulegen. Das durch den offenen Dialog deutlich gewordene Vertrauen förderte die Entwicklung einer gemeinsamen Lösung über die divergenten Interessen hinweg.

Die Form des Abschieds von den Mitarbeitern und der offizielle Akt waren dann einfach zu vereinbaren.

Zwanzig Tage vor Beginn

Wenn der innere Fokus, die Aufmerksamkeit, sich immer mehr von der alten Position zur neuen Wirkungsstätte wendet, wird automatisch die neue Aufgabe immer mehr antizipiert werden. Auch hierfür gibt es viele unterschiedliche Rituale. Sie reichen von pseudoreligiösen Handlungen, über Vorbereitung bis zur Ignoranz der stattfindenden Veränderung. Im Folgenden sollen nicht die Ränder, die extremen Formen, sondern das Wahrscheinliche, also die Mitte, erörtert werden. Die kommende neue Aufgabe wird mehr Aufmerksamkeit, d.h. mehr Zeit verbrauchen. Zeit ist nicht verlängerbar, sie muss also irgendwo weggenommen werden und dies geht häufig auf Kosten der Familie, d.h. der Life Balance.

Man tut somit gut, die Veränderung von Beginn an mit der Familie zu besprechen, d.h. sie Kommunikationspartner dieses Prozesses werden zu lassen. Die Beteiligung und Zeit, die man den Lebenspartnern schenkt sind eine Art Guthaben, von dem sich später zehren lässt oder dessen Defizite auszugleichen wären.

Herr Wöhrmann machte mit seiner Familie eine sehr große Reise, die seit Jahren verschoben worden war. Die Planung dieser Reise, ihre zeitliche Einbettung und ihre Bedeutung waren im Coachingprozess als Vorbereitung auf die neue Aufgabe ein wichtiges Thema. In einer späteren Reflexion des Coachings sah der Kunde darin einen wertvollen Teil seiner mentalen Vorbereitung auf die neue Aufgabe.

Erste Begegnungen

Wenn es die Chance gibt, was nicht immer der Fall ist, mit dem Vorgänger zu sprechen, so ist es vorteilhaft dies zu tun. Der Vorgänger besitzt Informationen über diese Position, die andere Personen nicht zur Verfügung haben. Er kennt Fallstricke, Chancen, Widersacher, Helfer, kurz: Wenn jemand für diese Position zu diesem Zeitpunkt einen Kompass zur Vermeidung der gröbsten Fehler besitzt so ist es der Vorgänger.

Relevante Positionen sind meist von weiteren vergleichbar relevanten Personen eingekesselt. Diese sind durch fein gesponnene kommunikative Netzwerke verbunden. Der Neue muss Anschluss finden um Teil dieses Netzwerks zu werden. Dies können seine engsten zukünftigen Mitarbeiter, seine Führungskräfte und seine horizontalen Kollegen und andere Kooperationspartner sein. Sein Gesicht vor Beginn zu zeigen, Bereitschaft zu Kommunikation zu signalisieren und um Starthilfe zu bitten ist kein Zeichen von Schwäche, sondern ein Kommunikationsangebot. Es signalisiert soziale Kompetenz und letztlich Stärke. Hierzu kann auch ein Antrittsbesuch beim Betriebsrat oder ein Vorstellungstermin beim Aufsichtsrat gehören. Solche Aspekte gelegentlich etwas geringschätzig als

Stilfragen qualifiziert, wirken wenn sie erfolgen, wie Selbstverständlichkeiten, ihre Bedeutung wird aber dann sichtbar, wenn sie fehlen[53].

Herr Wöhrmann erhielt eine Einladung zum Abschlussempfang seines Vorgängers. Er äußerte seinem Coach gegenüber deutliche Zweifel, ob er die Einladung annehmen sollte. Letztlich wurde die Vorstellung eines zeitlich eher kurzen Besuches, verbunden mit diskreter Zurückhaltung, entwickelt. Der Besuch führte zur Verabredung eines längeren Treffens von mehreren Stunden bei dem Herr Wöhrmann von seinem Vorgänger sehr viele wertvolle Hinweise für seine zukünftige Aufgabe erhielt.

Die richtigen Zeitpunkte wählen

Der österreichische Physiker Ludwig Boltzmann (1844 – 1906) galt als wortstarker Verfechter der Atomtheorie. Zu dieser Zeit waren diese unverzichtbaren Grundlagen für die spätere Relativitätstheorie jedoch wissenschaftlich noch nicht anerkannt. Boltzmann scheiterte daran (Burgin, Luc 1997). Dies mag als ein tragisches Beispiel für den Grundsatz gelten: Eine richtige Idee zum falschen Zeitpunkt ist keine richtige Idee! In Analogie hierzu ist sehr sorgfältig zu prüfen, wann der Neue nach Antritt mit wem spricht.

Die technischen Hilfsmittel hierfür sind relativ banal. Eine Liste mit Namen, Zeitpunkt und Form wird meistens ausreichend sein. Der Umfang dieser Liste ist abhängig von der Größe und Bedeutung der Organisation, der zukünftigen Aufgabe und dem wirtschaftspolitischen Gewicht des Unternehmens. Zwangsläufig können nicht alle Vorgespräche gleichzeitig stattfinden. Jeglicher Sachlogik zuwider ist aber davon auszugehen, dass die gewählte zeitliche Reihenfolge nicht allen Gesprächspartnern gefällt. Rationalität ist keine Garantie dafür, sich nicht als zu weit hinten eingereiht zu betrachten. Was ist dagegen zu tun? Die Antwort ist

---

[53] Wir verfügen über viele Elemente (z.B. Gastgeschenke bei einer Einladung), die zunächst banal und selbstverständlich erscheinen. Sie wirken unscheinbar, wenn sie erfolgen. Ihre Bedeutung wird häufig erst erkannt, wenn sie fehlen.

relativ einfach: Nicht auf Geheimhaltung der Liste, nicht auf Rationalität der sich niemand anschließen muss, sondern auf Kommunikation zu setzen. Dies bedeutet nicht die Reihenfolge ist zu betonen sondern die Botschaft, dass Herr X. sich auf dieser Liste befindet, wird hervorgehoben und kommuniziert.

Zusätzlich ist zu beachten welche Personengruppen oder Funktionsträger vor dem offiziellen Arbeitsbeginn und welche nach diesem Datum zu konsultieren sind.

Ein paar Wochen vorher ...

Die mit Herrn Wöhrmann erstellte Liste ergab letztlich vier Stakeholder. Die Umsetzung der Idee bedurfte einer längeren Diskussion, denn Herr Wöhrmann war zunächst einer solchen Vorgehensweise nicht zugänglich. Er sah noch keine Veranlassung für solche Kontakte: „Ich habe doch noch gar nicht begonnen". Letztlich überzeugte die Erarbeitung eines brauchbaren Textes für die jeweiligen Stakeholder. Die Entscheidung für die Einstellung von Herrn Wöhrmann hatte der Vorstand der Fluglinie getroffen, aber der Aufsichtsrat, so wurde kolportiert, wünschte einen Antrittsbesuch. Wie wichtig für den Aufsichtsrat der Besuch war, ließ sich in der Retrospektive auch an der Anwesenheit des Betriebsrates erkennen. Dieses Arrangement ergab für Herrn Wöhrmann die Möglichkeit, den zweiten wichtigen Stakeholder zu treffen, Visitenkarten auszutauschen und erste Regelkommunikationen zu vereinbaren. Mit den anderen Vorstandskollegen wurde ein Mittagsessen im Betriebsrestaurant abgesprochen. Auch das Betriebsrestaurant war mit Bedacht gewählt. Kommunikation, Offenheit und Sichtbarsein waren Werte, die Herrn Wöhrmann sehr wichtig waren (Der Neue kommt zu Besuch.).

Mit seinem zukünftigen Sekretariat gab es ein erstes Gespräch. Neben einigen formalen und technischen Aspekten, die es im Vorfeld zu klären gab, sollten die beiden Damen ein erstes Bild erhalten mit wem sie zukünftig direkt zusammenarbeiten würden.

Hier ist ausdrücklich hervorzuheben, dass die zu gestaltende Vorgehensweise nicht kopierbar ist. Jeder Neubeginn ist eine andere Geschichte, die jeweils ihr besonderes Skript braucht. Die Kunst besteht darin für die jeweilige Organisation das jeweils richtige Script zu formulieren. Nur die Notwendigkeit eines solchen Skriptes ist allen Neuanfängen gemeinsam.

Auch Kieselsteine können zu Fall bringen

Als Neuer ein Unternehmen, einen kommunikativen Raum, zu betreten, bedeutet sofort das Objekt von Beobachtungen Aller zu werden. Nach sehr kurzer Zeit werden die ersten Beschreibungen also Geschichten kolportiert. Dieser erste Eindruck ist, trotz mancher Schwüre, nicht sehr fehlerfreundlich und man stolpert eben nicht nur über Gold sondern häufig über Kieselsteine. Ungeschicktheiten oder andere letztlich harmlose Dinge können der Inhalt solcher Geschichten sein[54].

> **Hier einige (banale) ihre Evidenz selbsterklärende Fragen**
>
> - Welche Kleidung ist passend?
> - Wann erscheinen Sie?
> - Wie lange ist Ihr Anfahrtsweg?
> - Wo parken Sie Ihr Auto?
> - Bei wem melden Sie sich?
> - Wo ist Ihr Büro?
> - Gibt es einen Zeitplan für den ersten Tag?

---

[54] Sie sind der geladene Gastredner, haben das Betreten der Bühne und die Technik nicht antizipiert. Sie stolpern über eine nicht bemerkte Treppe, bringen den Laptop zum Absturz und vergessen die anwesenden Damen in Ihrer Anrede ...

Der erste Tag

Der erste Tag bedeutet, die ersten offiziellen Spuren zu hinterlassen, die Vorbereitungen haben ein Ende. Alle vorausgegangenen Aktivitäten dienten auch (aber nicht nur) diesem ersten Tag. Der Neue betritt seinen zukünftigen Bereich und alle, die schon länger da sind, ihre Geschichte in dieser Organisation haben, warten auf diesen Auftritt. Sie tun dies aber nicht als Unbeteiligte, sondern als Beobachter. Sie werden an Hand von Gesten, Worten und Handlungen eine Einschätzung vornehmen[55]. Dieser erste Eindruck wird nur mit sehr viel Aufwand korrigierbar sein. Ob gewünscht oder nicht, der erste Tag führt zur ersten Verortung und dies beginnt bei der Frage: Komme ich im Szenario des ersten Tages vor, wird mein Bereich, meine Abteilung wahrgenommen? Was haben wir durch den Neuen zu erwarten? Der erste Tag führt zu den ersten Beschreibungen.

Werden entsprechende Positionen neu besetzt, gehen dem oft parolenhafte Vorinformationen voraus (knallharter Sanierer, kommt von ...). Der erste Eindruck wird diese Parolen bestätigen oder relativieren und großen Einfluss auf die Kooperationsbereitschaft der Mitarbeiter haben.

Im Coaching wurde mit Herrn Wöhrmann ein genaues Drehbuch für diesen ersten Tag erarbeitet. Es wurde schriftlich wie ein Filmscript verfasst und somit nicht nur mit Abläufen sondern auch mit Kommentaren über diese Abläufe versehen. Als symbolische Geste brachte er für die Eingangshalle eine dekorative Pflanze mit. Die Möglichkeit der direkten Ansprache der Mitarbeiter am ersten Tag war vor allem eine logistische Herausforderung. Die räumlichen Verhältnisse erlaubten kein Gesamtmeeting. Es wurden zwei Meetings mit identischen Abläufen organisiert. Hierbei wurde Herr Wöhrmann durch einen Vorstandskollegen vorgestellt. Im Anschluss präsentierte sich Herr Wöhrmann. Er informierte über seine ersten Vorhaben, gab einstweilige Zeitvorstellungen bekannt, bat

---

[55] Ein Coachingkunde: Als mir deutlich wurde, dass er bereits beim Antrittsbesuch in unserer Abteilung meinen Namen kannte, wusste ich: Meine Zeit geht zu Ende. Ich war auf seiner Abschussliste.

um 80 Tage Einarbeitungszeit. Er bat um Fehlerfreundlichkeit, gab eine Intranetadresse bekannt, über die ihn alle Mitarbeiter kontaktieren konnten.

Wünsche, Kritik, Anliegen und Beschwerden konnten dort platziert werden. Es wurde eine Bearbeitung innerhalb von 24 Stunden zugesichert.

Persönliche Angaben über Herrn Wöhrmann wurden als Projektion während der Präsentation angeboten. Die Halbierung der Mitarbeiterversammlung erlaubte jedem Mitarbeiter eine kurze Begegnung mit Herrn Wöhrmann. Meetings mit den Vorstandskollegen und der Ebene darunter, Haus intern als Managementcircel bezeichnet waren für den restlichen Tag vereinbart. Auch für das Sekretariat war ausreichend Zeit eingeplant.

Mögliche Hilfen

Schonfrist für den Neuen?
Politikern gewährt man 100 Tage, um sich mit der neuen Aufgabe zurecht zu finden. Mit der Überlegung im Hinterkopf, Führungskräfte müssten schneller sein, entstand die Idee der ersten 80 Tage. Bei genauer Betrachtung gibt es jedoch weder 80 noch 100 Tage. Es gibt ab Vertragsabschluss Aufgaben, die man zu bewältigen hat. Diese können sehr schnelles Handeln notwendig machen oder langfristig angelegt sein. Bei genauer Betrachtung sagt dieses Konzept etwas aus über Fehler, die man dem Neuen zugesteht. Eine solche Fehlerfreundlichkeit an Zeit zu binden, ist jedoch nicht logisch begründbar. Wie viel Fehlerfreundlichkeit gewährt wird, hängt von den Aufgaben und nicht von willkürlichen Zeiteinheiten ab. Die Überlegung, eine Schonfrist zu gewähren ist bereits eine Überlegung, wie mit wahrgenommenen Unzulänglichkeiten umzugehen sei.

Die Alternative zu solch einer Schonfrist besteht darin, jede Aufgabe mit einem passenden Zeitplan zu versehen. Es sei wiederholt, Organisationen sind Entscheidungs- und Kommunikationssysteme und diese kennen keine Schonfristen.

Tagebuch der Wahrnehmung:

Jegliche erfolgreiche Kommunikation beginnt mit Beobachtung, d.h. mit Wahrnehmung. Die Eindrücke in einem neuen Unternehmen sind jedoch so vielfältig, so dass eine sinnvolle Kategorisierung die meist wenig reflektiert und automatisch abläuft, sehr fehlerhaft passiert. Sich auf frühere Erfahrung zu berufen, mag gut klingen, beinhaltet aber oberflächliches Denken. Diese Erfahrungen sind für den Neuen immer Erfahrungen mit anderen Organisationen. Sie anzuführen bedeutet, man unterstellt Vergleichbarkeit. Wir müssen davon ausgehen, dass jede Organisation anders gebaut ist und nur grobe Denkmuster erlauben Vergleichbarkeit (Bateson 1976). In der neuen Organisation können die entscheidenden Variablen anders sein. Es kommt somit darauf an, die neue Organisation in möglichst kurzer Zeit zu verstehen. Ein sehr effektives Mittel hierzu ist das Tagebuch der Wahrnehmung. Der Neue notiert sich seine Eindrücke in einem Notizbuch. Dies kann bei Meetings, bei Antrittsbesuchen, bei Rundgängen usw. geschehen. Diese Eindrücke werden zur besseren Strukturierung nochmals niedergeschrieben. Eine Strukturierung dieser Eindrücke in Eindrücke, Bewertung der Eindrücke und involvierte Personen hat sich bisher sehr bewährt.

Nach einiger Zeit können die entsprechenden Mitarbeiter mit diesen Eindrücken in Form von Fragen oder Feedback konfrontiert werden. Die damit angestoßenen Diskussionen erlauben eine Bewertung. Hieraus können dann strategische Operationen abgeleitet werden.

Der Einwand, dass ein solches Verfahren zeitintensiv sei, mag zunächst evident erscheinen. Berücksichtigt man jedoch, dass die anfängliche Zeitinvestition später durch die höhere Präzision der Entscheidungen und die erreichte Beteiligung der Mitspieler wieder ausgleichbar ist, führt gerade dieses Verfahren zur Beschleunigung. Das Schreiben von Karten mit entsprechenden Strukturen ist eine Alternative zum Tagebuch.

Mitarbeiter zitieren oder besuchen:
In dieser Anfangszeit gilt es, Veränderungen anzustoßen. Auch wenn Ziele noch nicht erreicht sind, muss möglichst schnell eine Handschrift erkennbar sein. Das erreichbare Tempo hängt ganz wesentlich von den Mitarbeitern ab. Ihre realisierte Kooperationsbereitschaft (nicht die erklärte Kooperationsbereitschaft) ist Ausdruck davon, wie sehr sie Zaungast oder Beteiligter dieser Veränderungen sind. Die Mitarbeiter an Ihrem Arbeitsplatz zu besuchen und sie nicht zu zitieren ist Ausdruck jener Wertschätzung, die Kooperation fördert. Es ist für die Mitarbeiter eine Markierung der zu erwartenden Kultur.

Was pfeifen die Spatzen vom Dach?
Die skizzierten Besuchsrunden sind vor allem dann wertvoll, wenn der Neue sich als Beobachter und Zuhörer versteht. Begreift man solche Erkundungsbesuche nicht als lästige Pflicht sondern als wertvolle Gelegenheit der Informationsschöpfung gewinnt man Erkenntnisse, die eine bessere Fokussierung des zukünftigen Handelns erlauben. Aktives Fragen signalisiert Interesse, fördert die erste Kontaktmöglichkeit und signalisiert Führungsstärke.

- Was sind hier bei Ihnen die dringendsten Probleme?
- Worüber wird am meisten gesprochen?
- Was liegt in der Luft?
- Worum soll ich mich kümmern?

Erste Zwischenbilanz

Wenn der erste Tag vorbei ist, hält zwar das neu sein noch an, aber gleichzeitig beginnen Tagesroutinen, die Einordnung in Abläufe und Prozesse. Dieses eingeordnet werden und eingebunden sein reduziert die Möglichkeiten der Reflexion, die anfängliche Wachsamkeit und Sorgfalt in Interaktion und Entscheidungen wird weniger. Dies ist selbstverständlich eine gewünschte Entwicklung, letztlich sollte sie dazu führen, dass der Neue seine anfänglichen Schwierigkeiten überwindet und zu voller Leistungsentfaltung kommt. Hierbei ist jedoch zu berücksichtigen, dass der Neue noch immer neu ist. Kommunikationstheoretisch gesprochen ist der Kalibrierungsprozess noch nicht abgeschlossen. Es empfiehlt sich daher, Feedbackformen zu etablieren. Wir unterscheiden zwischen integrierten und herausgehobenen Feedbacks.

Bei integrierten Feedbacks werden kurze Einschätzungen in kurzer zeitlicher Taktung (z.B. wöchentlich) abgefragt. Sie sind durch ihre Kürze, zehn Minuten oder weniger, und den Charakter der Absicherung gekennzeichnet. Es wird nachgefragt ob sich die Prozesse innerhalb der Erwartungen bewegen. Wird dies versichert, ist das Feedback beendet. Kann dies nicht zugesichert werden, vereinbart man einen eigenen Termin zur genaueren Analyse. Aber dieses Modul an Regelkommunikation wird zeitlich nicht ausgedehnt, da es sonst seinen Charakter und damit sein Steuerungspotential verliert.

Eine erste Zwischenbilanz ist ein herausgehobenes Feedback. Es dient der Überprüfung des bisherigen Kurses. So wie Beratungskommunikation darauf bezogene Metakommunikation braucht, benötigt Unternehmenskommunikation dazu passende Reflexionsrituale.

Wenn Unternehmen als Kommunikationsgemeinschaften (Schmidt 2004) beschrieben werden können, so entscheidet Kommunikation, ob der Neue Teil der Gemeinschaft wird oder nicht.

Zusammenfassung

Der Start in einer neuen Position kann sehr vielfältig, aber nicht beliebig gestaltet werden. Der Neue muss die Anderen, die schon da sind gewinnen. Die Art und Weise, wie er dies, tut stellt eine kulturelle Markierung dar. Passen die kulturellen Markierungen zu seinen diesbezüglichen Erklärungen wird er Vertrauen gewinnen, Kooperationsbereitschaft erhöhen und seine diesbezüglichen Investitionen durch die Mitarbeiter vergütet bekommen. Geht er über die Gestaltung der ersten Interaktionen hinweg, aus welchem Grund auch immer, würde er auch dafür diese Rechnungen erhalten. Wer als neuer säubernder Besen auftritt, sollte keine Unterstützung erwarten sondern davon ausgehen, dass er als Kehrbesen behandelt wird. Welcher Weg auch gewählt wird, den Folgen, sei es Erfolg oder Misserfolg, kann man kaum entrinnen.

Markierungen

Die neue Aufgabe beginnt vor Vertragsunterzeichnung.

Als Neuer erfolgreich zu sein, bedeutet, mit Selbstbeobachtung zu starten.

Das Kulturprogramm entscheidet, ob der Neue Teil der Gemeinschaft wird oder ein Fremdkörper bleibt.

Wer unter Beobachtung steht, kann den Beobachtern nicht vorschreiben, was sie zu sehen haben

Kommunikative Kompetenz entsteht nicht durch Eintragung in eine Zielvereinbarung.

Anleitung zu einem schwierigen Start

- Misstraue den neuen Partnern und Mitarbeitern.
- Informiere nur, wenn nötig.
- Börsenkurse und Gewinnmargen sind deine Werte.
- Gestalte alle Prozesse sachlogisch, effektiv.
- Verliere dich nicht in *wenn und aber* – mache einfach deinen Job.
- Distanziere dich von Bedenkenträgern und Selbstreflexionssektierern.
- Loyalität ist eine Frage des Preises.
- Identitätsfragen gehören zur Psychotherapie.

- Bleib bei harten Entscheidungen diskret im Hintergrund, verweise auf Sachzwänge und verantworte wenig.
- Verliere nicht dein Ziel, Kolateralschäden sind unvermeidlich.
- Charakterfragen sind Luxusfragen, sie passen nicht zur Karriere.
- Für Kommunikationsspiele gibt es eine Kommunikationsabteilung.

8 V.E.R.B.©[56]: Ein Rahmenkonzept zur Selbstbeobachtung

> ... der Schweigsamkeit zuliebe
> man bisweilen sogar von
> guter Rede lassen soll...
>
> aus den Regeln des heiligen Benedikt

Alles, was wir über Kommunikation wissen können, unterliegt den Konstruktionsbedingungen von Kommunikation. Es muss beobachtet, damit hervorgebracht und von einem Beobachter kommuniziert werden. Moderne Erkenntnistheorie kann als Geschichte des Beobachtens geschrieben werden. Wir unterscheiden – wir benennen – und wir bringen hervor. Beobachtung ist eine Voraussetzung von Kommunikation (Schmidt 2000)[57].

Wer die Publikationen einschlägiger Autoren durchforstet wird erkennen, dass wesentliche systemtheoretische Diskurse um die Figur des Beobachters geschmiedet sind. Beratung, die sich mit dem Label *systemisch* hervortun möchte, kommt daher an der sperrigen Theoriefigur des Beobachters nicht vorbei. Für Beratungskommunikation ergibt sich hieraus die Fragen: Bleibt die theoretische Erörterung der Beobachterthematik im erkenntnistheoretischen Diskurs hängen? Steht sie in Folge beziehungslos neben all den Ausführungen, die es zu Beratungskommunikation gibt?

Konstruktivismus ist reine Epistemologie (von Glasersfeld 1997), also praxisfern könnte eine mögliche Begründung lauten. Die Alternative könnte lauten: sie beeinflusst die Gestaltung des Korridors im Bera-

---

[56] © liegt bei K3 Beratergruppe Frankfurt
[57] Leseempfehlung: Auf S. 15-22 fasst Schmidt (2000) die Geschichte Beobachtung sehr verständlich zusammen.

tungsgeschehens. Dann müsst jedoch erklärt werden, wie dies aussehen kann. Meine Antwort lautet: Wenn Beratungsleistung kommunikative Kompetenz impliziert, kann die Art und Weise des Beobachtens nicht nur systemtheoretischen Ausführungen überlassen bleiben, sondern muss Eingang in Ausbildungscurricula finden. Dies wiederum hat Folgen: Es gilt nicht nur Beratungskommunikation durch den Einwegspiegel zu beobachten, Aufzeichnungsmaterial zu analysieren oder an Hand didaktisch konzipierter Übungen erprobend zu lernen, sondern es muss das Beobachten beobachtet und geübt werden. Wenn umgangssprachliche Kommunikationsfähigkeit nicht ausreicht, reicht auch übliche Beobachtungsleistung nicht aus.

Jeder Aktant beobachtet seine Beobachtungen (Hervorbringungen) und die der Anderen. Die Folge ist: Eine Ausbildungsgruppe benötigt Module, in denen sie (die Gruppe) und jeder ihrer einzelnen Aktanten auf sich selbst zurückgeworfen wird. Für die operative Umsetzung heißt dies: Es sind für die entsprechenden Einheiten Kontexte zu konzipieren, in denen eben dies gefördert und gefordert wird. Im Folgenden wird ein solcher Kontext vorgestellt, der in mehr als einem Jahrzehnt an Entwicklungsarbeit gestaltet, erprobt, ausgewertet, erneut verändert und weiterentwickelt wurde.

Zur Entstehung

Vor mehr als einem Jahrzehnt führte mich der Auftrag eines Automobilkonzerns zum Thüringer Rennsteig. Im Rahmen von Führungskräfteentwicklung sollte eine Gruppe an oberen Führungskräften die Gelegenheit erhalten, ihre relevanten Themen mit einem Coach zu bearbeiten.

Der von den Coachingkunden letztlich vorgegebene Rahmen war ungewöhnlich. Er sah vor, dass die Gruppe, wie Langtouren-Wanderer bepackt, morgens von einem Tagungshotel ausgehend, den ganzen Tag unterwegs sein sollte, um sich abends dann im nächsten Hotel einzuquartieren. Für die Wegfindung beim Tagesmarsch sollte die Gruppe von einer ortskundigen Praktikantin unterstützt werden. Die Aufgabe des

Coaches sah vor, im notwendigen Abstand, als Letzter gehend, *Coaching by Walking* anzubieten. Mittags sollte es vor Ort und im Stehen heiße, selbst gekochte Suppe geben.

Die Kunden waren begeistert von ihrem Konzept, mir gefiel die Aussicht auf körperliche Betätigung und den Thüringer Rennsteig. Ich war neugierig aber nicht frei von Skepsis. Wahrscheinlich ging die zuständige Konzernabteilung eher von einem regulären Workshop im üblichen, vor allem geheizten Seminarraum aus, denn der Termin wurde auf November terminiert.

Es gab keine Power Point Charts, keinen Beamer, dafür aber herrliches Wetter, blauen Himmel, ungefähr einen halben Meter Neuschnee und dies alles bei minus 10 Grad Celsius.

Eine zweite Überraschung kam auf mich zu. Ich erwartete, als Letzter der Truppe, eingesponnen in meine Gedanken und sicherlich als nicht gebuchter Coach meinen Weg entlang der Route alleine zu marschieren. Heimlich freute ich mich auf die Geruhsamkeit. Meine Zeit war jedoch sehr schnell komplett ausgebucht. Die Rückmeldungen waren sehr gut. Arbeit gemacht – Kunde zufrieden – Ende!

Dann kamen Briefe und Faxe (es war vor der Zeit der Emaillawinen), in denen sehr positiv über angestoßene Veränderungen berichtet wurde. Bemerkenswert war, dass es sich um Veränderungen handelte, die bis dato als schwierig oder nicht umsetzbar klassifiziert waren.

Das Gesamtergebnis wurde für mich und meine Kollegen Anlass, der Frage genauer nachzuspüren, was denn an diesem *Coaching by Walking* das so Besondere gewesen sein mochte. Wir vermuteten, dass wir durch Zufall ein besonders effektives Format für Coaching gefunden hatten. Hieraus entstand ein längerer Prozess, an dessen Ende V.E.R.B. in seiner heutigen Form steht.

(V)Verantwortung – (E)Entwicklung – (R)Reflexion – (B)Bewegung

Ablauf

- Die Gruppe, hierbei kann es sich um eine Coachingausbildungsgruppe aber auch um ein Team, eine Abteilung oder einen anderen hoch vernetzten Arbeitszusammenhang handeln, bestimmt gemeinsam die Lokalität. Ob Kloster oder Tagungshotel, ob Nordsee, Thüringer Wald ,oder die Alpen wird durch die Gruppe entschieden.
- Aus der Gesamtgruppe bildet sich ein Reiseteam, dass für alle Aspekte von Buchungen, An- und Abreise verantwortlich ist.
- Vor Ort konstituiert sich für jeden Tag eine andere Tagesleitung. Diese bestimmt die Strecke, die es zu wandern gilt und verantwortet alle für diesen Tag relevanten Belange. Sie wird am Vorabend inthronisiert und am Abend des nächsten Tages nach ausführlicher Feedbackrunde (*Wir haben beobachtet ...*) wieder entlassen.
- Während des Tages werden Reflexionsrunden eingelegt, in denen Teilnehmer ein sie bewegendes Thema vorstellen und mit der Gruppe vertiefend reflektieren. Diese Themen beziehen sich auf beruflich relevante Inhalte, können aber auch persönliche Aspekte beinhalten. Dieses Setting wird meistens (die Selbstbestimmung der Gruppe erlaubt hier Varianzen) mit für den Vortragenden verpflichtenden Aufgaben abgeschlossen. Die abendliche Reflexion bezieht sich auch auf die jeweiligen Teilnehmerthemen.
- Der Gesamtprozess wird einige Wochen nach Beendigung hinsichtlich seines Nachhalls erneut reflektiert. Durch verschiedene Techniken wird die Nachhaltigkeit der persönlichen Konsequenzen sicher gestellt.
- Die Rolle des Leiters ist klar definiert, wird aber oft als widersprüchlich erlebt. Er hat dafür zu sorgen, dass der Ablauf durch Entscheidungen der Gruppe nicht verändert wird. Hierfür nimmt er ein Vetorecht in Anspruch. Dies bedeutet, dass er eine Entscheidung der Gruppe als nicht regelkonform klassifizieren kann, dann gilt diese als nicht getroffen, und die Gruppe muss erneut entscheiden.

Verantwortung

Kommunikation beginnt mit Hervorbringung durch Beobachtung. Wir wählen zwischen verschiedenen Möglichkeiten und verfolgen eine Seite weiter. Diese Entscheidung ist kontingent. In Konsequenz bringen wir uns durch unsere theoretische Modellierung um jede Entschuldigung. Etwas salopp formuliert: Wir können weder *Erfahrungen* noch *Einwirkungen der Gesellschaft* oder einzelner Aktanten für unsere Hervorbringungen verantwortlich machen. Wir und nicht Bedingungen haben hervorgebracht.

Was bedeutet dies für Beratungskommunikation, für Coachingprozesse und entsprechende Curricula? Wir haben Verantwortung für die Gestaltung, also die Beratungskommunikationen, in den einzelnen Interviews und für die Konzeption des Kontextes zu übernehmen. Aber wir haben keine Verantwortung für die Verrechnung durch den Kunden und seine Aktivitäten außerhalb der Sitzungen zu tragen. Dies gilt auch dann, wenn uns Entwicklungen durch den Kunden verantwortlich hingerechnet werden (siehe: Wenn der Coach vom Hof gejagt wird) Immer dann, wenn wir Unterscheidungen vornehmen und dadurch gestalten, geraten wir in Verantwortung. Ähnliches gilt für Führungskräfte, die Hervorbringer, Bewahrer und Veränderer des Kulturprogramms eines Unternehmens sind. Sie haben ihre Selektionen zu verantworten. Ob sie dies immer tun und ob man darüber dann moralschwere Diskussionen führen muss, sei hier nicht weiter verfolgt (Schmidt 2004). Im Konkreten manifestiert sich Verantwortung bei V.E.R.B. durch:

- Mitgliedschaft im Reiseteam
- Teilnahme an der Tagesleitung
- Eigene Reflexionsbereitschaft
- Aktives Feedback an andere
- Beteiligung an Abstimmungsprozessen

Entwicklung

Entwicklung meint hier, je nach Kunden eine Ausbildungsgruppe oder eine organisationale Funktionseinheit aber auch jeden einzelnen Aktanten. Die genaue Präzisierung der jeweiligen Entwicklungsthemen liegt, die konzeptionellen Grundlagen geben dies zwingend so vor, bei den Aktanten. Die Auswahl der Themen, die Nutzung der Gruppe als eine Art Soundingboard wird unterschiedlich gehandhabt. Das Handling eigener Emotionen innerhalb von Beratungskommunikation, Reflexionen bezüglich Verantwortungsübernahme oder das Verhältnis zwischen dem Zuhören und Sprechen mögen häufig auftretende Themen sein, aber es sind nur Beispiele, denn eine praktisch nicht begrenzte Zahl anderer Themen wäre ebenfalls denkbar. Hervorzuheben ist: Entwicklung kann nicht konzeptioniert, eingeleitet oder wie eine Kugel angestoßen werden. Aber im Sinne einer operativen Funktion (angenommen, dass ...[58]) gehen wir davon aus, dass der Kontext V.E.R.B. den Beginn solcher Entwicklungen fördert. Die Annahme wird durch mehrheitliche Rückmeldungen der Kunden immer wieder bestätigt (*Ich dachte, das Thema sei erledigt. Ich werde ...*). Die Entscheidung, ein persönliches Thema vor der Gruppe zu veröffentlichen, die damit innovierten Reflexionen und die folgenden
Handlungsverpflichtungen führen zwangsläufig zu Veränderungen, da der vorausgehende Zustand nicht mehr erreichbar ist. In der Regel erhält der Inhaber eines Themas von der Gruppe eine oder mehrere Aufgaben, die nachgehalten werden, dadurch bleibt das Thema virulent.
Wenn Themen einmal zum Inhalt von Kommunikation wurden, kehren sie nie mehr ins Paradies einfacher Seelen zurück.

Reflexion

Es sei nochmals hervorgehoben: Im Gegensatz zu Beratungskommunikation werden nicht Kunden sondern Kommunikationen von Beratern (hier

---

[58] Persönliche Mitteilung SJ Schmidt

Coaches) ins Zentrum der Reflexionen gestellt. Jede einzelne Handlung wird immer wieder reflektiert, und kein Kundenanliegen fungiert als Schutzhecke hinter der man sich verstecken kann. Kundenanliegen (*Was mache ich bei ...*) würden einem Veto zum Opfer fallen. Auch Zurückhaltung und Schweigen sind öffentlich und können daher kommentiert werden. Das persönliche Thema, die Themen der Anderen und der Abschluss des Tages, fordern, im wörtlichen Sinne, heraus. Hier kommt der körperlichen Bewegung (wandern) und dem Aufenthalt im Freien eine besondere Bedeutung zu. Körperliche Sensationen wie Müdigkeit, Durst, Angst vor Regen usw. erfordern das Vertreten (oder die Duldung) der eigenen Interessen. Dies ist nur an Hand von Kommunikationen (*Ich bin müde.*) möglich, was wiederum Reflexionen (*Kehren wir um?*) auslösen kann und die Frage der Verantwortung ins Spiel bringt (*Gruppe kehrt wegen mir um.*).

Die Geschlossenheit der Gruppe (Besucher, Begleiter sind nicht erlaubt), aber auch Humor und Verantwortung für die Anderen fördern die Bereitschaft zur Reflexion.

Kurz: Reflexion ist unterschiedlich ausgeformt aber kaum vermeidbar.

(Selbst)Beobachtung – Bewegung – Schweigen

Die Verknüpfung von Bewegung und Reflexion, hier Veränderung von Beobachtung und (Selbst)Beobachtung ist nicht neu. Diese Verbindung kann sich auf lange Traditionen berufen, die hier nur kursorisch vermerkt werden können. Aus christlichen (Luhmann, Fuchs 1989), aber auch buddhistischen Klöstern (van de Wetering 2004) wird immer wieder über den Zusammenhang körperlicher Bewegung und Reflexion berichtet. Lange Klostergänge, durch Arkaden vor Regen schützend, sind ein architektonisches Zeugnis. Pilgerreisen, die moderne Variante des Jakobsweges eingeschlossen, weisen auch darauf hin.

Im psychotherapeutisch stationären Bereich (Schwertl 1998) wird dieser Zusammenhang ebenfalls diskutiert. In der Behandlung von Drogen- oder Alkoholsucht tauchen immer wieder Überlegungen über solche Zusammenhänge auf. Sport, hierbei insbesondere Ausdauersport wird wichtige unterstützende Wirkung zugeschrieben. In dem hier skizzierten Konzept wurde in der Reflexion der Entstehungsgeschichte der Kombination von Outdoor, Bewegung und Reflexion jene Besonderheit zugeschrieben, die letztlich den Unterschied machte. Hierzu eine hypothetische Erklärung:

Traditionelle Reflexionsgruppen finden sitzend in geschlossenen Räumen statt. Die im Laufe des Tages aufgebauten körperlichen Spannungen können, trotz Pausen, nicht abgebaut werden, und der Prozess wird schwergängig. V.E.R.B. bietet durch sein Konzept immer wieder Gelegenheit Spannungen abzubauen, was wiederum dem Prozess zugute kommt. Die Rückmeldungen vieler unterschiedlicher Gruppen weisen mehrheitlich auf das Wohltuende der Einheit von Reflexion und Bewegung hin.

Bleibt zu erwähnen, dass auf Teilstrecken, vor allem nach intensiven Reflexionsrunden, Schweigen verordnet wird. Nach einem intensiven Dialog und im Schweigenden durch die Landschaft schreiten, kann (Selbst)Beobachtung kaum vermieden werden.

Abschließende Diskussion

Das Konzept wurde immer wieder an Hand gemachter Erfahrungen und erbetener Rückmeldungen ausführlich analysiert und modifiziert. So wie einzelne Fahrzeuge einer späteren Baureihe, bedingt durch Kundenrückmeldungen, weniger Fehler aufweisen, so wurde V.E.R.B. immer weiter entwickelt. Das beschriebene Vetorecht sei hier als Beispiel angeführt. Teilnehmer bewerten das Format sehr positiv. Hierbei wird eine Mischung von Ernsthaftigkeit und Lockerheit hervorgehoben. Die Bewegung, die Suche nach Wegen im doppelten Sinne, die Konfrontation mit der Natur (hierzu ist kein Sprung in eine Schlucht nötig) und das Verhandeln zum Teil alltäglicher Bedürfnisse (*Ich will jetzt ...*) geben den Reflexionen eine Rahmung, in der auch Humor Platz hat. Die Leiter, als

Hüter des Kontextes präsent, aber die Selbstorganisation im vereinbarten Rahmen achtend, geben ausreichend Sicherheit ohne paternalistische Unterordnung zu verlangen.

Kritisch anzumerken ist, dass alle Überlegungen zu den Wirkmechanismen hypothetisch sind. Eine angestrebte wissenschaftliche Analyse scheitert bisher an den Hürden hinsichtlich des Untersuchungsdesigns und unserer Weigerung, das Konzept an Laborbedingungen anzupassen.

Die Zufriedenheit der Kunden ist, man kann dies durchaus bedauern, gegenüber der wissenschaftlichen Erforschung das für uns höhere Gut.

Literatur

Adam, S. (1977). Theorie der ethischen Gefühle. Hamburg, Eckstein Walther.
Axelrod, R. (1984). Die Evolution der Kooperation, Scientia Nova. Oldenbourg.
Bateson, G. (1976). Ökologie des Geistes. Frankfurt, Suhrkamp.
Beckert, J., Metzner, A. et al. (1998). "Vertrauenserosion als organisatorische Gefahr und wie ihr zu begegnen ist." Organisationsentwicklung 4/98: 56-66.
Bergmann, G. (1999). Die Kunst des Gelingens. Wege zum vitalen Unternehmen. Sternenfels.
Burgin, L. (1997). Irrtümer der Wissenschaft. München, Herbig Verlagsbuchhandlung.
DBVC (2007). Coaching als Profession. DBVC.
Debatin, B. (2005). Rationalität und Irrationalität der Metapher. Eine Rose ist eine Rose ... H. R. Fischer. Weilerswist, Velbrück Wissenschaft: 30-48.
Deissler, K., Gergen K. (2004). Die Wertschätzende Organisation. Bielefeld, transcript verlag.
Deissler, K.G., Keller, T. & Schug, R. (1996). Kooperative Gesprächsmoderation. In: Königswieser, R. et. al (Hrsg.), Risiko – Dialog. (S. 249-276). Köln: Deutscher Instituts Verlag.
Doppler, K. & Lauterburg, C. (1997). *Change Management*. Frankfurt, Campus Verlag.
Emlein, G. (2007). "Wozu Systeme? Ein Nachdenken über Theorie und ein Blick in die (kirchliche) Landschaft. ." Wege zum Menschen 59, 2007, 251 – 265.
Foerster, H. v. (1985). *Sicht und Einsicht*. Wiesbaden, Vieweg.
Foerster, H. v. (1993). Epistemologie der Kommunikation. Wissen und Gewissen. S. J. Schmidt. Frankfurt, Suhrkamp: 269-281.
Foerster, H. v. (1998, 15.01.98). Wahrheit ist die Erfindung eines Lügners. DIE ZEIT, S. 41-42.
von Glasersfeld, E. (1997). Wege des Wissens. Heidelberg, Carl Auer Verlag.
von Glasersfeld, E. (2005). Metaphern als indirekte Beschreibung. Weilerswist, Velbrück Wissenschaft.
Göggelmann, U., F. Hauser (2004). Deutschlands beste Arbeitgeber. München, Finanzbuchverlag.

Hobbes, T. (1984). Leviathan.

Hörisch, J. (2005). Ver-Dichtungen Eine Rose ist eine Rose. H. R. Fischer. Weilerswist, Velbrück Wissenschaft: 100-108.

Häder, M., Häder, S. et al. (2000). Die Delphi Methode als Gegenstand methodischer Forschung. Wiesbaden.

Haken, H. and H.-K. M. (1994). Erfolgsgeheimnisse der Wahrnehmung. Frankfurt, Ullstein Sachbuch.

Haley, J. (2002). Die Jesus Strategie. Heidelberg, Carl-Auer Systeme Verlag.

Hargens, J. (1993). "KundIn, KundigE, KundschafterIn, Gedanken zur Grundlegung eines helfenden Zugangs ". Z.system.Ther. 11(1)14-20.

Hirsch Bernhard, W. J., Bacher, A., (2004). "Messung von Vertrauenswürdigkeit – das Beispiel der dm-drogerie markt.". Zeitschrift Führung + Organisation 74. JG 196-2002.

Hoffmann, L. (1996). Therapeutische Konversationen. Dortmund, verlag modernes lernen.

König, E., Volmer, G. (2003). Systemisches Coaching. Weinheim, Basel, Beltz Verlag.

Königswieser, R. (1996). Risiko – Dialog. Köln, Deutscher Instituts Verlag.

Kühl, S. (2008). "Warum Coaching keine Profession ist." Wirtschaftspsychologie aktuell 17-21.

Luhmann, N. (1984). Soziale Systeme, Grundriss einer allgemeinen Theorie. Frankfurt, Suhrkamp.

Luhmann, N. (1987). Sozialisation und Erziehung. In: Rotthaus, W. (Hrsg.), *Erziehung und Therapie in systemischer Sicht* (S. 77-90). Dortmund, verlag modernes lernen.

Luhmann, N. and Fuchs, P. (1989). Reden und Schweigen. Frankfurt am main, Suhrkamp Taschenbuch.

Luhmann, N. (1990). *Die Wissenschaft der Gesellschaft*. Frankfurt am Main, Suhrkamp.

Luhmann, N. (2001). Vertrautheit, Zuversicht,Vertrauen: Probleme und Alternativen. Vertrauen. M. Hartmann and C. Offe. Frankfurt am Main, Campus.

Malik, F. (2001). Führen, Leisten, Leben. München, Wilhelm Heyne.

Maturana, H. and F. Varela (1987). Der Baum der Erkenntnis. Bern, Scherz.

Nietzsche, F. (1969). Über Wahrheit und Lüge im außermoralischen Sinne. München, Karl Schlechta.

Rauen, C. (2005). Handbuch Coaching. Göttingen, Hogrefe.

Scheuch, E. K. & Scheuch, U. (2001). Deutsche Pleiten. Berlin, Rowohlt.

Schiepek, G. & Tschacher, W. (1997). *Selbstorganisation in Psychologie und Psychiatrie*. Wiesbaden, Vieweg.

Schiepek, G. (1991). Systemtheorie der klinischen Psychologie. Wiesbaden, Vieweg.

Schiepek, G. (1999). Die Grundlagen der systemischen Therapie, Theorie – Praxis – Forschung. Göttingen, Vandenhoeck & Ruprecht.

Schmidt, S. J. (1987). Der Radikale Konstruktivismus. Der Diskurs des Radikalen Konstruktivismus. S. J. Schmidt. Frankfurt, Suhrkamp Taschenbuch Wissenschaft: 11-88.

Schmidt, S. J. (1994). Kognitive Autonomie und soziale Orientierung. Frankfurt, Suhrkamp Taschenbuch Wissenschaft.

Schmidt, S. J. (1998). Die Zähmung des Blicks. Frankfurt, Suhrkamp Taschenbuch.

Schmidt, S.J. (1998b). Probleme der Praktiker mit dem Konstruktivismus. *Redemanuskript DAF Tagung 1998, Frankfurt*.

Schmidt, S. J. (2000). Kalte Faszination. Göttingen, Velbrück Wissenschaft.

Schmidt, S.J. (2000). Kommunikationen über Kommunikation über integrierte Unternehmenskommunikation. In: Bruhn, M., Schmidt S.J. & Tropp J. (Hrsg.), *Integrierte Kommunikation in Theorie und Praxis* (S. 123-141). Wiesbaden, Gabler.

Schmidt, S. J. (2003). Geschichten & Diskurse. Hamburg, Rowohlt.

Schmidt, S. J. (2003). Was die Welt im Innersten zusammenhält, Unternehmenskultur als Attraktor. Münster, Insitut für Kommunikationswissenschaften, Universität Münster.

Schmidt, S. J. (2004). Unternehmenskultur. Weilerswist, Velbrück Wissenschaft.

Schwertl, W. , Emlein G. (1996). "Moralische Probleme systemischer Therapie." Familiendynamik 1996, 04, 21.Jahrgang.

Schwertl, W. (1998). Systemische Reflexionen zur Sucht – Das Frankfurter Modell. Sucht in systemischer Perspektive. W. Schwertl, G. Emlein, M. L. Staubach and E. Zwingmann. Göttingen, Vandenhoeck & Ruprecht.

Schwertl, W. (2000a). Teams, ihre Ver- und Entwicklungen -eine systemische Skizze. In: Vogt-Hillman, E. A. (Hrsg.), *Gelöst und los* (S. 105-131). Dortmund, Borgmann.

Schwertl, W. (2000b). Wandel zwischen Wendepunkten. In: Schmidt, S.J. & Rusch G. (Hrsg.), *Konstruktivismus in Psychiatrie und Psychologie* (S. 109-146). Frankfurt, Suhrkamp.

Schwertl, W. (2000c). "Kunstfehler – kein Thema für systemische Praxis." Kontext.

Schwertl, W. (2001). Kommunikative Kompetenz. In: Bergmann, M. (Hrsg.), Best Pattern. Neuwied, Luchterhand: 313-327.

Selvini Palazzoli, M., Boscolo, L. et al. (1981). Paradoxon und Gegenparadoxon. Stuttgart, Klett-Cotta.

Shannon, C.E., Weaver, W. (1949). The mathematical theory of communication. University Press, Illinois, S. 102.

Sloterdijk, P. (2008). "Konsultanten, eine begriffgeschichtliche Erinnerung" Revue für postheroisches Management 02: 08-19.

Staubach, M. L. (2007). Relationiertes Expertentum. Qualifizierung von Organisationsberatern mit Fokus Co-Produktion von Beratung. VDM Verlag Dr. Müller. Saarbrücken.

Staubach, M. L. (2007). Der Coaching Dummy. Coaching-Tools II. R. Christopher. Bonn, managerSeminare.

Watzlawick, P. (1967). Menschliche Kommunikation. Bern, Hans Huber.

Watzlawick, P. (1974). Lösungen. Bern, Hans Huber.

van de Wetering, J. (2004). Der leere Spiegel. Hamburg, rororo.

Wolff, U., Rauen, C., et al. (2008). "Von Freibeutern -Werten und Märkten.". Zeitschrift für systemische Therapie und Beratung 2008 – 26(1) 43-52.

Wüthrich, H., Winter, W. et al. (2002). Die Rückkehr des Hofnarren. Herrsching am Ammersee, Gellius Verlag.

Zwingmann, E., Schwertl, W., Staubach, M. L. & Emlein, G. (1998). *Management von Dissens*. Frankfurt am Main, Campus.

Zwingmann, E., Schwertl, W., Emlein G., Staubach, L.M. (2000). 2. Auflage Management von Dissens. Frankfurt/New York.